高等学校旅游管理类专业系列教材

会展策划与管理

孟奕爽　蔡卫民　主编

中国教育出版传媒集团

高等教育出版社·北京

内容简介

　　会展策划与管理是会展经济与管理专业的核心课程之一，同时也是旅游管理专业和酒店管理专业的核心专业课。而旅游管理专业和酒店管理专业也将会展概论、会展策划与管理作为核心专业课。本书从会展策划与管理的概念和基本理论出发，从会展立项策划、会展同期活动策划、会展营销策划、会展现场管理和会展风险管理五大方面进行阐述，基于专业培养目标，着重培养学生在会展策划与管理中的创意思维以及行业分析、文案写作、资源整合的能力。本书为新形态教材，书中有大量的二维码资源内容，主要包括拓展阅读、案例分析、即测即评，此外，本书还配备教学课件与慕课内容，致力于提供优质的会展策划与管理教学资源。

　　本书不仅可作为高校会展经济与管理专业教材使用，也可供旅游管理、酒店管理、工商管理、文化产业管理等专业的学生或相关从业人员培训使用。

图书在版编目（CIP）数据

　　会展策划与管理 / 孟奕爽，蔡卫民主编. -- 北京：高等教育出版社，2023.10

　　ISBN 978-7-04-059348-8

　　Ⅰ．①会… Ⅱ．①孟… ②蔡… Ⅲ．①展览会 – 策划 – 高等学校 – 教材 ②展览会 – 管理 – 高等学校 – 教材 Ⅳ．① G245

中国版本图书馆 CIP 数据核字（2022）第 157990 号

Huizhan Cehua yu Guanli

| 策划编辑 | 姚建婷 | 责任编辑 | 姚建婷 | 封面设计 | 张　志 | 版式设计 | 杜微言 |
| 责任绘图 | 李沛蓉 | 责任校对 | 马鑫蕊 | 责任印制 | 赵义民 | | |

出版发行	高等教育出版社	网　　址	http://www.hep.edu.cn
社　　址	北京市西城区德外大街 4 号		http://www.hep.com.cn
邮政编码	100120	网上订购	http://www.hepmall.com.cn
印　　刷	北京中科印刷有限公司		http://www.hepmall.com
开　　本	787mm×1092mm　1/16		http://www.hepmall.cn
印　　张	11		
字　　数	220 千字	版　　次	2023 年 10 月第 1 版
购书热线	010-58581118	印　　次	2023 年 10 月第 1 次印刷
咨询电话	400-810-0598	定　　价	33.00 元

前言

在国际政治、经济和文化交流合作方面，会展业发挥了非常重要的作用。习近平总书记在上海合作组织青岛峰会上强调"办好一次会，搞活一座城"，这充分肯定了会展业对国民经济的价值和作用。2015年3月29日，国务院印发《关于进一步促进展览业改革发展的若干意见》（国发〔2015〕15号），首次全面地、系统地提出展览业发展的战略目标和主要任务，对进一步促进展览业改革发展做出全面部署。在我国，很多省都特别重视发展会展业的意义，例如，湖南省通过举办旅发大会来推动各城市和经济的发展。要发展会展业，人才是关键，近些年国内越来越多的高校开设了会展专业。

会展业是一个多学科交叉的领域。目前，高校本科阶段的会展专业包括旅游管理类的会展经济与管理专业（代码120903）、新闻传播学类交叉学科会展专业（代码09J001T、050310T）。回顾会展专业的发展历程，我们可以发现会展专业是伴随行业成长不断发展的。在早期有应用无专业，例如广交会创办于1957年，当时会展项目的策划和执行多由国际贸易专业或者工商管理专业人员进行，而中国贸促会、中国科协等在开展国际展览或国际会议等工作时多安排外语类人才。改革开放后，国际交流合作和国际旅游业快速发展，旅行社承办了很多大型展览、会议和节事活动，因此很多旅游专业学生在毕业后开始从事会展业务工作。由此，会展经济与管理专业蓬勃发展，且越来越受教育部的重视。2012年，国家对本科专业目录进行了调整，正式把会展经济与管理从目录外试办专业调整为目录内正式专业，列入旅游管理大类，专业代码为120903。根据教育部2023年4月19日发布的《教育部关于公布2022年度普通高等学校本科专业备案和审批结果的通知》（教高函〔2023〕3号），截至目前，一共审批或备案了147所会展专业本科点，其中会展经济与管理专业点143个，交叉学科会展专业点4个。

会展策划与管理是会展经济与管理专业的核心课程之一，也是旅游管理和酒店管理专业的核心专业课。而旅游管理专业和酒店管理专业也将会展概论、会展策划与管理作为核心专业课。从培养目标角度讲，会展策划与管理课程主要培养学生的创新精神、创意思维、策划和执行能力。学生需从政策导向、客户需求、现实条件出发，通过行业分析、市场分析、资源分析等应用创造性思维设计策划方案，基于现实条件评估方案的可行性，不断优化完善策划案，在具体操作过程中实现多方位的目标，实现社会效益和经济效益的共同发展。会展策划与管理不仅要注重前段的策划和创意，更要注重具体的执行和绩效。

本书基于专业培养目标，着重培养学生在会展策划与管理中的创意思维以及行业分析、文案写作、资源整合的能力。本书不仅可作为高校会展经济与管理专业教材使用，也可供旅游管理、酒店管理、工商管理、文化产业管理等专业的学生或行业工作者使用。本书为新形态教材，书中有大量的二维码资源内容，主要包括拓展阅读、案例分析、即测即评，此外，本书还配备教学课件与慕课内容，致力于提供优质的会展策划与管理学习资源。

本书是基于近几年教学经验撰写的，还存在一些不足之处，请大家批评指正。感谢在本书撰写过程中给予关心并提供支持的领导和同事们，他们是湖南师范大学人事处处长鲁良副教授、教务处副处长安宁女士、旅游学院院长王兆峰教授、党委书记闵素芬女士、旅游学院原副院长许春晓教授、会展经济与管理系副主任朱张祥博士等。此外，硕士研究生曲苑、王峰、周芳琴、余妍希、黄心玉、古丽娟、彭婷婷、陈骏娴、李佳肖、杨依翎参与了本书的资料收集和部分内容编写，在此一并表示感谢。

孟奕爽　蔡卫民

2022 年 6 月于长沙

目录

第一章　绪论

本章思维导图

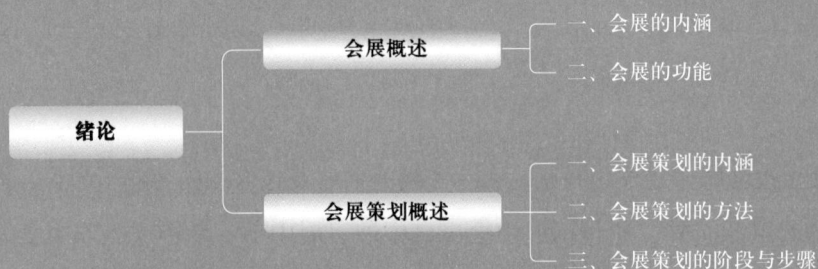

```
                                    ┌── 一、会展的内涵
                    ┌── 会展概述 ──┤
                    │              └── 二、会展的功能
        绪论 ───────┤
                    │                  ┌── 一、会展策划的内涵
                    └── 会展策划概述 ──┤── 二、会展策划的方法
                                       └── 三、会展策划的阶段与步骤
```

关键词

会展概念　会展功能　国内外会展业发展现状　会展业发展趋势

学习目标

1.了解会展的概念，知晓会展的内涵与外延；

2.掌握会展的功能，能够分析会展功能的具体表现和作用；

3.熟悉国内外会展业的发展历程以及现状；

4.了解会展业的未来发展趋势。

第一节　会展概述

国务院发布的《关于进一步促进展览业改革发展的若干意见》(国发〔2015〕15号)指出:我国展览业快速发展,已经成为构建现代市场体系和开放型经济体系的重要平台,在我国经济社会发展中的作用日益凸显。近几年,从中央到地方、从政府到企业都越来越重视会展业对国民经济、文化和社会发展的重要作用,投入大量资源重点发展会展业,希望通过会展业带动其他产业发展。

一、会展的内涵

很多人将会展直接理解为会议和展览,实际上当前会展业包含的内容除了会议、展览、节庆、演艺、赛事和奖励旅游外,还包括展中会、会中展、展中节、节中展、节中会等融合形式,并在此基础上不断衍生新的会展形式。

(一)会展的概念

会展作为一种社会现象由来已久,其起源众说纷纭,有"市集演变"说、"物物交换"说、"巫术礼仪与祭祀"说等。其中,比较典型的是立足于会展社会交换形式的"物物交换"说。"赶集"在过去的乡村很普遍,人们通过庙会或相关集市活动将物品拿到某个集中区域,然后根据个人所需进行物与物之间的相互交换,在这个过程中自然地形成"看"与"摆"的初级形式,大家竞相展示劳动成果,分享生产和生活经验,交流信息互通有无,取长补短。随着文化和经济的不断发展,社会交换的次数增加、规模扩大以及货币的出现,人们交换形式升级迭代,交换的场所和内容也发生改变,在市场经济环境下孕育出了现代会展业。

1. 国内学者对会展的定义

国内学者们对会展的定义主要是从会展的内容和特点两个角度界定。

(1)基于内容的会展。

针对会展所涵盖的内容,会展的概念可以分为狭义和广义。狭义概念即会议、展览及同期活动,在界定广义的会展时,吴明远[1]认为会展包括演唱会、运动会、交易会、展示会、节庆聚会;马勇等[2]认为会展包括各种类型的专业会议、博览交易会(如展览会、博览会、交易会、

1　吴明远,叶文,李亚.关于会展与会展旅游的思考[J].云南师范大学学报(哲学社会科学版),2002(6):88-91.
2　马勇,肖轶楠.会展概论[M].北京:中国商务出版社,2004.

招商会、发布会、专业会与专题会、颁奖会、研讨会等）、奖励旅游以及各种事件活动，如庆典活动、节庆活动、文化活动、科技活动和体育活动等；镇剑虹等[1]则认为会展涵盖各种类型的会议、展览展销活动、体育竞技活动、大规模商品交易活动等。

（2）基于特点的会展。

部分学者总结了会展活动的特有属性，将所有具有会展特性的活动定义为会展活动。例如，过聚荣[2]从地点、人数、定期、交流内容几方面入手，认为会展是在一定地域空间，由多个人集聚在一起形成的，定期或不定期的集体性的物质、文化交流活动；胡平[3]认为，会展的特征为"特定空间""集体性""物质或精神""交易或交流"，符合这四个特征的相关活动都属于会展活动的范围。

知识链接

会展是什么

2. 国外学者对会展的定义

国外学者对会展的定义来自商业领域。会展被称为 C&E（Convention and Exhibition）或者 M&E（Meeting and Exhibition），即会议和展览。之后随着其内涵的不断丰富，会展被称为 MICE，即会议（Meeting）、奖励旅游（Incentive Travel）、大型企业会议（Convention）和展览（Exhibition）四个部分，也有人将节事活动（Event）纳入其中，称为"MICEE"。此外，国外学者更倾向于用"Event"（活动）一词来指会展。例如：会展是为满足特定需求，通过仪式或典礼进行庆祝的特殊时刻（Goldblatt, 1990）。对于赞助或组织机构，活动是常规日程之外的一次性或不常发生的事件；对于观众或消费者，活动提供了获得超出日常生活或常规选择以外的体验机会（Getz, 2005）。

为纪念特殊时刻或达到特定社会、文化、组织目标或目的而有意策划的仪式、呈现、表演或庆典（Allen, 2005）。

为达到商务、经济、文化、社会或环境等目的而举办的现场的社会活动（Getz & Page, 2016）。

学者们往往用"有计划的活动"来描述会展现象，会展活动旨在取得具象的效果，包括与经济、文化、社会和环境相关的好的效果。活动策划涉及主题、情境、消费、服务及议程的设计与实现，并为参与者、客户、观众及利益相关者带来体验。每一次的活动体验都是独一无

1　镇剑虹，吴信菊.会展策划与实务 [M].上海：上海交通大学出版社，2005.

2　过聚荣.会展导论 [M].上海：上海交通大学出版社，2006.

3　胡平.会展管理概论 [M].上海：华东师范大学出版社，2017.

二的，是人与环境及议程高度交互而成。在这个意义上讲，活动主要指在一定地域空间，有计划有组织地按照特定主题进行的、一次性或周期性、和平性的集体活动，主要包括商务活动（Business Event）、文化活动（Cultural Event）、体育赛事（Sport Event）、企业活动（Corporate Event）、私人活动（Private Event）和其他活动。一次活动往往具有几种不同但相互联系的功能。例如，为配合大型展览而举办的活动有新闻发布会、开幕式、闭幕式、评选结果发布会及文娱助兴项目等。有计划的活动和无计划的活动的差异如表1-1所示。

表1-1　有计划的活动和无计划的活动的差异

项目	有计划的活动（职业活动策划师及经理人的领域）	无计划的活动（自发性与不可预测性的范围）
目标	目标与结果是由活动的策划者制定，并受到主要利益相关者的影响	目标是自发生成的，参与者的意图是不明确的、多样的，甚至是相互矛盾的
议程	计划与议程通常是详细的，策划师旨在为客户、参与者和观众创造体验	自发的活动，一旦发生或者启动，行为就变得相当不可预测
可控性	控制权在管理者或者利益相关者手中	没有建立管理制度，只有一定程度的市政调控，有时需警方出动
担责	策划方和管理方是责任承担方	没有任何组织或法律实体全面担责；个人可以依据法律为其行为担责

资料来源：Getz, D., 2007, p.28

综合以上对会展概念的描述，本书沿袭约定俗成的"会展"而不是"活动"，并认为：会展是在一定的地域空间或虚拟空间，由多人临时集聚在一起而形成的，定期或不定期的集体性物质、文化活动。简而言之，会展指特定空间的集体性物质文化交流交易活动[1]。会展并不仅限于会议和展会，还包括节庆、赛事、演艺、奖励旅游、展陈展示、婚庆等类型的集体性活动。如G20会议（大型会议）、中国国际进口博览会（博览会）、奥运会（体育运动会）、淘宝造物节（节庆）、巡回演唱会（演艺）等，这些都属于会展。

1　过聚荣. 会展导论[M]. 上海：上海交通大学出版社，2006.

（二）会展的领域

会展涉及多个领域，是一个综合性极强的行业。会展所包含的活动内容也十分广泛，大到联合国会议，小到学校举办的二手交换市场，这些都属于会展活动的内容。下面从会议、展览、节庆、演艺和赛事五大类简要介绍会展的主要领域。

1. 会议

会议产业理事会（CIC）将会议定义为"为协商或开展某种特殊活动，大量的人聚集到同一地点的行为。"美国会议行业协会（CIC）给出的会议定义是"一定数量的人聚集在一个地点，进行协调或执行某项活动。"虽然这两个定义都提到了人的数量，但是并未给出明确的数字，也没有对聚集的时间加以说明。联合国世界旅游组织对会议的定义中明确指出，会议指10人或10人以上的人群在一个签约场地至少4个小时以上时间的集会。集会是出于做生意、分享彼此的想法、互相学习和就专业、科学和业务上的问题展开讨论这样的共同目的而将人们集合在一起。将三个定义进行综合，可以理解为会议是人们因为某件事或某个问题而聚集在一起进行讨论交流的活动。由于规模、性质、举办主体和会议内容的不同，会议往往有多种表现形式，具体分类如下。

（1）根据会议规模分类，可以分为：国际性会议，指参会者来自不同的国家或地区的会议。全国性会议，指参会者来自全国各地的会议。区域性会议，指参会者来自同一个区域的会议。单位性会议，指参会者属于某一个特定组织的会议。

（2）根据会议性质分类，可以分为：法定性会议，指根据有关法律法规必须举行的具有法律效力的会议，以及特定组织为履行法定职责而举行的会议，如公司的股东大会、协会的会员代表大会。非法定性会议，指法律法规允许的法定性会议以外的会议，如学术研究会、经贸洽谈会。正式会议，指一般在国际会议中，各方为解决共同关心的实质性问题，形成具有约束力的共同文件，依据事先约定的有关规则和程序而进行的会议。非正式会议，指以协商、交际、宣传为目的，不形成正式决议或无确定的议事规则的会议。

（3）根据会议的举办主体分类，可以分为：政府会议，由各级政府主办的，定向邀请相关人员参加，进行集体议事决策的会议。社团会议，由世界性、全国性或地方性宗教、科技、文化、艺术、慈善事业等社团组织发起，仅限于内部成员参加，旨在分享信息、交流思想、达成共识的会议。协会会议在此类会议数量中占比较大。公司会议，由同行业、同类型、相关行业的公司或同一个公司举办的内部会议。一般包括销售会议、推销商会议、技术会议、管理者会议、培训会议、代理商会议、股东会议等。

（4）根据会议内容划分，可以分为：商务型会议，主要是为了公司的业务或管理需要而召开的会议，一般层次和需求较高，消费标准也较高，会期较短。度假型会议，指以度假休闲为主，同时交流思想、增进情感的会议。文化交流会议，指以文化学习交流为主的会议。专业学术会议，指某一领域内有一定专业技术的专家参加的会议。政治性会议，指国际政治组织、国家或地方为某一政治议题召开的会议，包括大会和分组讨论等形式。培训会议，指对某类专业人员进行有关业务知识方面的技能训练或理论培训的会议，多采用讲座、讨论、演讲等形式。

2. 展览

根据全球展览业协会（The Global Association of the Exhibition Industry）的定义，展览指一种市场活动，在特定时间内，众多厂商聚集于特定场地陈列产品，以推销其最新产品或服务。展览的种类繁多，有博览会、展览会、展销会、博览展销会、看样订货会、展览交流会、交易会、贸易洽谈会、展示会、展评会、样品陈列、庙会、集市、墟、场等。根据展览会的性质、内容、规模、时间和场地对展览会的分类如下。

（1）根据性质划分：专业展，其主要目的是交流信息、洽谈贸易，这类展览主要针对专业领域内的特定人群，往往定向邀约观众，或经申请批准才可进入。例如进博会等。展销会，展出的主要是消费品，以直接销售为主要目的，这类展会对普通消费者开放，例如车展等。综合展，指兼有专业观众和普通观众的展览，通常前几日限定为专业观众参观，后几日对普通观众开放。这三种展览具体的差异如表1-2所示。

表1-2　三种展览的差异

展览类别	参展商类型	观众类型	展品内容	目的	观众入场方式
专业展	生产商、批发商	生产商、批零商	工业品、消费品	贸易	登记入场
展销会	生产商、零售商	公众	消费品	零售	购票入场
综合展	生产商、批零商	生产商、批零商、公众	工业品、消费品	贸易和零售	购票入场

（2）根据内容划分：横向展览，指涵盖全行业或数个行业的展览会，比如工业展、轻工业展等。专业展览，指展示某一行业甚至某一项产品的展览，比如钟表展。专业展览的突出特征之一是常常同时举办讨论会、报告会，用以介绍新产品、新技术等。

（3）根据规模划分：展览可分为国际、国家、地区、地方展以及单个公司

知识链接

消费类展会

的独家展。这里的规模指展出者和参观者所代表的区域规模，而不是展览场地的规模。不同规模的展览有不同的举办特色和优势。国际展览由于其影响力大、商业价值高、覆盖面广，得到主办者的格外重视。

（4）根据时间划分：定期展，一般指有固定举办周期的展览，有一年四次、一年两次、一年一次、两年一次等不同种类。不定期展，指没有固定周期的展览。不定期展览按照时间长短，分成长期展和短期展。长期展可以是三个月、半年，而短期展一般不超过一个月。在发达国家，专业展览会一般是四天。

（5）根据场地位置划分：室内展，多用于展示常规展品，如纺织展、电子展等。

室外展，多用于展示超大、超重等非常规展品，如航空展、矿山设备展等。在多个地方轮流举办的展览会被称作巡回展。其中比较特殊的是流动展，即利用飞机、轮船、火车、汽车作为展场的展览会。

3. 节庆

节庆主要指庆祝各种传统节日和现代创新的节日以及为纪念某件事而设定的节日等。节庆一般有特定的主题，包括文化、宗教、民俗、政治等领域。由于节庆以群众性休闲娱乐活动为主，大众的参与性较强。节庆的分类主要从地域和时代性进行。

（1）根据地域可分为地域性节庆和综合性节庆。

地域性节庆，指不少地区会利用本地的一些优越的条件，举办具有当地特色的节庆活动。如河南洛阳牡丹节、陕西临潼石榴节、海南椰子节、吐鲁番葡萄节、贵州国际名酒节、大连服装节、潍坊风筝节、青岛啤酒节等；综合性节庆，指地域色彩相对来说并不浓厚，更具包容性，并不存在地域限制，而是受所有地域认可的节庆活动，比如春节等。

（2）根据时代性可分为传统节庆和现代节庆。

传统节庆指从古至今流传下来的家喻户晓的节庆。比如春节、元宵节、端午节等，对于这些传统节日，人们往往有着固定的庆祝方式，比如在我国，在春节要放鞭炮、元宵节要吃元宵、端午节要赛龙舟等；现代节庆指随着现代社会生活发展而涌现的一些符合时代特点的新节庆，比如每年4月6日的"全球会展日"、各个学校的"校庆日"、每年3月最后一个星期六的"地球一小时"等。

4. 演艺

演艺指演出单位或个人在特定的时间、特定的环境下所举办的文艺表演活动，在观众面前表演戏曲、舞蹈、曲艺、杂技等才艺。演员通过某种艺术表演形式、服装道具、舞美、灯光、音响的特殊艺术效果，在现场把舞台艺术品展现给观众。按照商业属性演艺主要分为营业性演出和公益性演出，按照演出内容分为专场型和综合型，按照场地载体分为线下演出和线上演出。

（1）按照商业属性分为营业性演出和公益性演出。

根据《营业性演出管理条例实施细则》的规定，营业性演出指以营利为目的、通过下列方式为公众举办的演出活动：售票或者包场的；支付演出单位或者个人报酬的；以演出为媒介进行广告宣传或者产品促销的；有赞助或者捐助的；以其他营利方式组织演出的。

公益性演出，主要指的是通过演出的形式参与公益，不以营利为目的，即不以追求利润的最大化作为根本目标。

（2）按照演出内容分为专场型演出和综合型演出。

专场型演出主要指表演内容较为单一的演出活动，比如演唱会、独奏会、音乐剧、脱口秀等，这些演出活动都是围绕着某一个演出形式进行的专业性表演。综合型演出主要指大型的文艺晚会，表演内容以及形式较为多样，涵盖了小品、相声、舞蹈、唱歌等多种表演。

（3）按照场地载体分为线下型演出和线上型演出。

线下型演出指以剧场、影剧院、体育场为载体的现场演出。线上型演出指通过直播或者录播形式，在互联网上播放的演出。例如，网易云音乐、QQ音乐等。

5. **赛事**

赛事主要指的是通过制定比赛规则，开展比赛活动来判定某个领域某个方面的佼佼者。从项目管理角度来看，赛事就是特定的组织团队根据其举办目的，通过科学化管理与筹备，在特定的时间与地点，召集竞技活动的相关人员及团队共同参与而形成的一个综合性集会。在古代多用赛事来进行人才选拔，而现代的赛事在竞技之外又多了一些趣味性。人们关注的不仅仅是竞技场上的较量行为，赛事活动已经发展为一项涉及社会、政治、经济、文化诸多要素的，复杂的、综合性特殊事件或活动。近年来，随着社会的发展，比赛的内容也更加丰富。除了大家最常见的体育类运动赛事之外，还涌现了许多其他领域的赛事，例如，文化类、电子竞技类等。

赛事有多种类型和多种属性特征，例如，职业与业余、户外与户内、周期性的或者一次性的、同时有不同尺度范围、涉及参赛者和观赛者单一或多元的特征。对于赛事的分类，可以依据竞技水平和规模进行。

（1）依据赛事的竞技水平分为职业性赛事、竞技性赛事、社会性赛事：职业性赛事指职业化选手参赛和商业化运作下的赛事，通常有相应的赛事奖金，例如世界一级方程式锦标赛、世界公路自行车锦标赛、足球欧洲冠军联赛等；竞技性赛事是以竞技为主要目的，例如奥运会、亚运会、国际足联俱乐部世界杯等；社会性赛事是一种贴近百姓生活，娱乐性、普及性、参与性很强的赛事，比如很多城市举办的马拉松比赛、全民健康跑等。

（2）依据赛事的规模可分为大型赛事和一般赛事。大型赛事又分为重大赛事和标志性赛事，重大赛事指有较大社会和政治影响力，在媒体报道和经济效益等方面都影响巨大的赛事，例如某个城市举办奥运会会带来巨大国际影响力。标志性赛事是周期性地举办的一些重要赛事，通常是一个地方的标志性事件，成为举办地形象识别的一部分。例如，温布尔登网球锦标赛让这个英国小城市全世界知名。而一般的大型赛事能够吸引较多访客、引发新闻报道关注，从而带来经济效益。

（三）会展的特征

多元社会背景下，会展的外延在不断扩大，但是，会展的特征通常都具有短暂性、聚集性和综合性。

1. 短暂性

会展项目通常都在特定的一段时间内举办，一届博览会展览时间为5~7天不等，广交会作为重大会展项目，比一般博览会时间长一些，也仅仅20天左右。以2019年第126届广交会为例，举办时间为2019年10月15日至11月4日，其中第一期在10月15日至19日，展出内容为电子及家电、照明、车辆及配件、机械、五金工具、建材、化工产品、新能源、进口展区。第二期在10月23日至27日，展出内容为日用消费品、礼品、家居装饰品等。第三期在10月31日至11月4日，展出内容为纺织服装、鞋、办公箱包及休闲用品、医药及医疗保健、食品、进口展区。高峰论坛的持续时间通常为3天左右，以博鳌亚洲论坛为例，2021年在4月18日至21日举办。一些会议为了方便参会人安排时间，往往在周六、日两天举办。主办方筹备数日甚至数月的会展项目集中在几天内完成，其短暂性往往会给工作人员带来较大压力。根据会展主题所搭建的展位或场馆布置等会随着会展项目的结束而被撤除，无论多么美轮美奂的展位都会在结束后被拆掉。像烟花一样在有限的时间内展示最美好的瞬间，这也是会展独特的魅力所在。世博会是持续时间最长的展会，综合性世博会通常为6个月，例如2010年的上海世博会从5月1日至10月31日，持续了184天。作为在中国举办的首届世界博览会，上海市政府投入了巨资，依据各国文化特色精心打造了不同风格的场馆，为展会增添了色彩。展会结束之后，大部分场馆都被拆除了。虽然有很多人感到惋惜，但这也正是会展活动短暂性的必然结果。

2. 聚集性

会展最突出的特征之一就是人流、物流、资金流和信息流的大量聚集，这不是简单意义的叠加，而是综合性、系统性的大规模物质、文化交流形式，具有典型的传播属性。每一个会展项目都有其独特的主题内容，人们关注的热点、焦点快速吸引大量参展商和观众，作为具有共同关注点的不同主体，在展会上高效地接触和交流，可以促进思维碰撞、信息互通和商业交易。

3. 综合性

会展的综合性特征主要体现在两方面，一方面是会展项目形式综合，为了提高参与者获得感，如今的会展往往采用"展＋会""会＋展""会＋节""展＋赛""展会节融合"的方式，在展览期间举办高峰论坛、各类比赛、节事活动。例如，2021年（第六届）中国国际食品餐饮博览会为期3天，以"促进消费，创新发展"为主题，展览总面积达8万平方米。同期，还举办了创新发展峰会、第二届中国餐饮数字化发展大会、"中华美食荟"餐饮技能展示、2021中国咖啡冲煮大赛西南部决赛等30多项专题活动。综合性活动拉高了会展人气，增加了参展商和观众的互动感，提升了媒体曝光度，使不同的参与者都有所收获。另一方面是会展内容综合性强，作为和中国进出口商品交易会（广交会）、中国国际进口博览会（进博会）一起成为中国对外开放的三大展会平台的中国（北京）国际服务贸易交易会（以下简称服贸会），截至2021年已成功举办七届，成为国际服务贸易领域传播理念、衔接供需、共享商机、共促发展的重要平台，是全球服务贸易领域规模最大的综合性展会和中国服务贸易领域的龙头展会。2021年，服贸会吸引了7 364家境内外企业在线上线下参展，比上届增长37%。其中，线下参展的企业有2 400家，比上届增长6%，其中世界500强、行业龙头企业占比21%，比上届提高了12%。线上展台6 511个，其中纯线上参展企业4 961家，同比增长约60%，上传展品3万余件，达成一批丰硕成果，总体成果数量、交易金额均超过上届。2021年服贸会数字平台包括展览、会议、洽谈、贸易、数字化服务五大核心场景，大多数企业是线上参展，利用2D、3D技术搭建，在2020年的基础上共改进或升级了近40个功能点，提升了承办机构、参展商、观众的用户体验。

二、会展的功能

会展是涉及政治、经济、文化、科技等多领域的综合性活动，无论对国家、地区还是企业或个人都可以发挥重要的作用。例如，我国通过"一带一路"国际合作高峰论坛向世界传播中国声音、提供中国式解决方案；杭州因 2016 年的 G20 峰会而全球知名；很多企业在展会上发布新产品、结交新客户、整合新资源，通过一次大型展会获得大笔订单。

（一）会展经济功能

会展业享有"城市的面包"和"城市发展助推器"之美誉。在"地球村"时代，国与国之间、地区之间的经济贸易合作越来越重要。会展项目不仅可以促进商贸活动发展，同时提高参展商的经济收入，还能带动相关产业发展，从而带动展会举办城市的经济发展。

1. 促进商贸活动发展

会展作为参展商和采购商认识、了解、洽谈并实现交易的平台，可以加强国内外经济、技术交流与合作。例如，中国国际贸易促进委员会经常通过举办和参加各类展会来加强中国和世界各国商贸合作与交流。广交会自 1957 年开办以来，是中国目前历史最长、规模最大、商品最全、采购商最多且来源最广、成交效果最好、信誉最佳的综合性国际贸易盛会，被誉为中国第一展，中国外贸的晴雨表、风向标。截至 2022 年，广交会历经风雨、从未间断，已成功举办 130 届，与全球 220 多个国家和地区建立了贸易关系，累计出口成交约 1.5 万亿美元，累计到会的境外采购商约 900 万人，有力地促进了中国与世界各国的贸易交流和友好往来。

2. 带动相关产业发展

会展除了促进参展的行业发展外，由于大量人群流动、参展所需主场服务还能带动旅游、餐饮、交通、娱乐、住宿、通信、广告、物流、建材装修等相关产业发展，提供更多的就业机会。

（二）会展产业功能

会展项目往往依托某个具体的产业或是综合性产业进行，对产业发展具有推动作用，产业功能主要体现在展示产业现状和引导产业发展两方面。

1. 展示产业现状

产品展示是展会最基本的功能之一，为企业提供产品展示与推介的平台，扩大其影响力。《国际展览公约》第一章第一条就开宗明义："展览会是一种展示，无论名称如何，其宗旨均在于教育大众。它可以展示人类所掌握的满足文明需要的手段，展现人类在某一个或多个领域经过奋斗所取得的进步，或展望发展前景。"在展会上展示的产品不仅包括实物产品，也包括先进的技术成果、新工艺和各种服务等无形产品。在博览会上，企业展台通过不断融入新技术、新媒体，能更好地树立形象、展示成果、推介产品。博览会不仅可以展示办展国和参展国在政治、经济、文化、科技等方面的发展水平和实力，还能较全面地反映人类的文明和进步，促进人类社会的发展。[1]

2. 引导产业发展

在会展活动中，企业或组织能够向观众展示最前沿的技术、最新产品和未来产业发展趋势，一方面向大众展示自己的研发实力和技术壁垒，另一方面也提供最新解决路径和方案，让后来者能够知晓行业动态，以便拟定战略发展规划，调整现有策略中不合理的部分，节约社会资源和研发成本。历史上许多划时代的发明创造，例如电话机、电视机、计算机和互联网技术等都是通过展览会得到广泛传播的。很多企业每年都会参加国际消费类电子产品展览会（International Consumer Electronics Show，CES）来了解消费电子行业的最新趋势和最尖端产品。该展览会是由美国电子消费品制造商协会主办，是世界上最大、影响最为广泛的消费类电子技术年展，也是全球最大的消费技术产业盛会，旨在促进尖端电子技术和现代生活的紧密结合。CES 专业性强，贸易效果好，在世界上享有相当高的知名度。历年的 CES 均云集了最优秀的传统消费类电子厂商和 IT 核心厂商，展示最先进的技术理念和产品，吸引了众多的高新技术设备爱好者、使用者及业界观众。会展业的产业导向性使其成为前瞻性经济，反映了经济发展的未来趋势。

（三）会展交流功能

会展项目通过多种形式促进主办方、参展商、观众等多主体、多维度、全方位的交流沟通。在参展商的展位上，无论是专业观众还是普通观众，无论是政府部门、行业协会还是同行都可以进行一对一的深度交流与洽谈，以获取有效信息、达成交易。在高峰论坛上，平常难得一见的专家学者、行业大咖会登场发言，进行思想碰撞，触发新思路。人们可以更轻松地进行互动交流，互通有无。在短短几天的展会期间，参展商往往可以接触整个行业或市场的大部分客户，数量可能比通过登门拜访等其他常规方式在一年甚至几年内所接触的客户还多。展会参加者在专业展会上可以接触行业主管部门领导、本领域专家、现有客户、潜在客户、供应者、代理商、用户等，其中不乏决策人物、关键人物，由此形成的人际联系质量高。

1　赵玉牲，沈和江 . 现代会展理论与实务 [M]. 北京：对外经济贸易大学出版社，2013.

1. 行业交流

会展可以加强行业内部交流，帮助企业抱团发展，促进行业生态圈繁荣。参展商在展会期间不仅可以和客户交流，还能深度了解同行情况，发现头部企业的优劣势，研究竞争对手的产品和资源，以及挖掘潜在竞争对手。在展会上，企业管理者可以进一步梳理上下游产业关系，找到更合适的合作伙伴。例如，一家生产无人机的厂商，可以在展会上了解大疆公司的最新产品、应用场景、供应商、经销商以及客户类型。还能对比其他无人机的厂商，发现新的市场。甚至一些看似不相关的行业在展会上也能碰撞出火花，一起合作开拓新的领域。

2. 观众体验

俗话说"耳听为虚眼见为实"，展会的一大优势就是现场体验。例如，消费类产品具有很强体验感，衣着服饰不仅要看起来漂亮还要穿起来舒适，电子类产品要使用方便，家居类产品要有人性化设计等。在食品餐饮博览会上，对一种食材、酒水和菜肴，无论文字描述的多么细致、图片拍摄的多么精美，都不如亲口品尝。在互联网时代，很多场景可以在线上完成，但体验在线下才更有感觉。人际交往也是一样，所谓"见面三分熟"，虽然在电话中能够获取信息但是很难建立信任。在展会中，只有观其人才能听其言，通过线下深度交谈而产生的商务合作关系会更为紧密。

3. 跨文化交流

由于地域不同、环境差异，不同国家和地区的人们容易产生跨文化问题，媒体宣传、认知偏差可能导致刻板印象。这些误解可以通过会展中的交流活动消除。大家在会议中畅所欲言、发表自己对某个问题的真知灼见；人们在餐厅里把酒言欢共话发展；在休息时间还可以在当地旅游，了解风土人情，了解生活习惯，发现有趣的事情。通过国际会议、国际展览等形式，参与者可以增进对东道国、主办方的了解，增进跨文化协作，化解矛盾冲突。广交会是我国把自己的产品介绍给世界，进博会则是将世界的产品介绍给国人。会展搭建了连接中国和世界的桥梁。

知识链接

会展的城市产业形象展示作用

当前我国有不少地区凭借特色产业举办专业性展会，都取得了较为理想的成果，具体如表1-3所示。

表1-3　城市特色产业与专业性展会

城市	特色产业	专业性展会
深圳	移动终端、互联网通信、金融、新能源	中国高新技术产品交易会
东莞	机电、鞋业、家具	国际车交会、国际名鞋展、国际机械展、名家具展
宁波	服装、电器机械、文具、家电、五金	浙洽会、消博会、服装节、塑博会、机电展
温州	服装、皮革、鞋业、工业电器、塑料制品、印刷包装	中国国际轻工业产品博览会、台湾名品展览会
义乌	日用品	义乌国际小商品博览会
绍兴	纺织	中国国际纺织论坛暨国际纺织交易会
苏州	电子、农用机械、环保产业	电子信息博览会、农业机械产品及技术博览会、环保产业暨环境标志展览会

（四）会展集聚功能

会展不仅实现了生产者和消费者之间的连接，还促进了产业资源的集聚和整合。从产业发展的角度讲，集聚性将带来规模化效应，而规模化则能构建产业竞争优势。近几年大型会展项目的主题大多都和本地优势产业相关。例如，东莞基于本地家具产业举办了国际名家具（东莞）展览会，自1999年开始到2022年已经举办了47届。长沙基于三一重工、中联重科等工程机械企业的产业优势，自2019年起每年举办国际工程机械展览会。地方产业优势支撑了特色展会，同时展会也促进了产业资源在区域的进一步聚集。

大型会展项目往往需主办城市具备良好的配套设施，因此会展业呈现聚集性特征。例如，众多的世界会展名城和会展城市圈多处于经济发达地区，如法国巴黎、意大利米兰、德国汉诺威和美国拉斯维加斯等。我国经济的持续快速发展，使得我国的三大城市圈发展为"三大会展城市群"。即以上海为中心的长三角地区，以北京为中心的环渤海地区，以香港、深圳、广州为中心的大湾区。

第二节　会展策划概述

策划一词最早出现在《后汉书·隗嚣传》"是以功名终申，策画复得"之中。其中"画"与"划"相通，"策画"即"策划"，意思是计划、打算。"策"最主要的意思是计谋，如决策、献策、下策、束手无策；"划"指设计，工作计划、筹划、谋划，意思为处置、安排。策划的基本含义是为未来事项"筹谋献策"，即思维主体运用知识和能力进行思考运筹的过程，也是根据现实的各种情况及所掌握的信息，围绕一个中心（也就是一个特定的目标）来全面地构思、设计，选择合理可行的行动方法，从而形成正确决策及高效工作的过程。会展项目是一个系统工程，要达到相应的目标和效果需要在开始之前进行周密的策划。

一、会展策划的内涵

会展策划和商业策划既有联系又有区别。商业策划是企业或组织根据本企业或本组织的发展战略，为扩大企业或组织的影响力或为提高企业或组织产品（包括服务项目）的竞争力，面向公众或特定受众，创造性地组合所能利用的信息、资源和时间三大要素，设计并实施的商业活动。企业或组织可以自行实施策划，也可以委托专业机构进行商业策划。

会展策划指在会展活动开始的最初阶段就要进行的工作。从完整性上来说，会展策划有时要贯穿整个会展活动的始终，它是一种优先的、提前的、指导性的会展筹划工作。会展策划可以定义为：会展企业根据收集和掌握的信息，对会展项目的立项、方案实施、品牌树立和推广、会展相关活动的开展、会展营销及会展管理进行总体部署和前瞻性规划的活动。会展策划是对会展活动的全过程进行全方位的设计并找出最佳解决方案，以达到会展活动的目标。

会展策划属于商业策划的范畴，其理论来源和基本规律与商业策划一致。会展策划也具有一定的特殊性，会展业是国民经济中的一个独立行业，其服务国民经济和社会发展的产品主要是会展项目。会展策划与其他商业策划的不同之处主要体现在：（1）会展策划中既有商业项目又有公益项目，公益项目的属性决定了策划要更关注社会效益。（2）会展策划需更有针对性，从主办方、参展商、观众等多个角度思考问题。

（一）会展策划的内容

会展策划的目的是为会展活动的顺利举办提供服务，因此会展策划的范围包括会展活动的各方面。在整个策划活动中，以专业的展会服务赢得买家和卖家的支持与信赖十分重要。以展览为例，会展策划原则上是以使80%以上的参展商达到参展目的、70%以上的参观商达到参观预期为标准。

会展活动是一个综合性极强的活动，因此在进行会展策划时，我们要尽可能地全面覆盖会展活动的整体范畴。以下从做什么（What）、为何做（Why）、谁参加（Who）、何地做（Where）、何时做（When）和怎样做（How）六个维度，对会展策划内容进行解读（图1-1）。

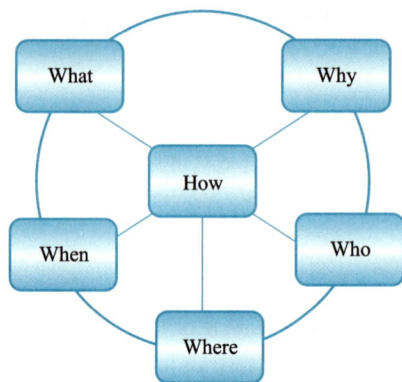

图1-1　会展策划内容

1. 做什么（What）

做什么（What）涉及会展的名称、题材、内容、形式等；人们举行会展就是为了达到某种目的或完成某个任务，会展目标策划解决了为什么举办会展这一最基本的问题。会展的目标是组织者的期望和所要完成的具体任务，因而会展目标制约着议题和议程，决定了类型和结果。

2. 为何做（Why）

为何做（Why）即选择会展活动的背景原因有哪些。这要根据与活动关联的宏观和微观资源环境的深入分析、梳理和辨别。会展活动的举办目的可以从不同会展活动的性质上看出来，比如展销会的销售性质很强，其首要目的就是实现产品销售。某些会议则会有明确的会议主题以及需要讨论和解决的问题，这就是其召开原因。只有确定了为何要举办会展活动，并始终从会展活动的意义出发，会展策划者才能更加明确自己策展的初心，从而厘清思路。

3. 谁参加（Who）

谁参加（Who）指会展活动实施的组织机构和参加对象是谁。它涉及支持、主办、承办、执行承办、协办、赞助、参展、参会等单位的选择。会展本质上是聚集性活动，会展活动不可避免地有众多群体加入。然而，展位是有限的，时间也是有限的，应该如何在有限的时间和空间内将展会价值发挥到最大，这就取决于邀约对象。在进行会展策划时，需要确定会展活动举办的核心支持者以及产业链的核心利益部门，并将他们作为首位邀约对象，从而确定会展活动的参加名单。

4. 何地做（Where）

何地做（Where）即会展活动在什么地方举办。它涉及对举办地的政治、经济、地理、文化、行政、人力等资源情况的深入分析和辨别。不仅应该考虑到会展活动举办的地理位置，还应该考虑到适合会展活动举办的环境，比如在室内还是室外举办，在展馆还是其他公众场合举办？策划者应该结合会展活动的属性来匹配适合的环境，以确保最大限度地烘托氛围。

5. 何时做（When）

何时做（When）即会展实施的具体时间，通常涉及策划、准备、执行时长及周期的安排。会展具有暂时性，每场会展活动的时间有限，这也给会展活动时间安排提出了较高的要求。应充分利用会展时间，安排好会展活动时间，并确保预留时间，以应对会展现场的突发状况。大型会展活动内容的时间安排都会精确到分钟。

6. 怎样做（How）

怎样做（How）是非常重要的，要在以上五点（What, Why, Who, Where, When）的基础上，综合考虑并确定最终方案。此外，要不断思考进行复盘，比对所有可能性，从而确定最终策划方案。

综上所述，会展组织者和策划者可以对会展活动相关资源进行简单的、清晰的、系统的深入分析和梳理，进而科学地定位会展活动的构成要素。

（二）会展策划的要素

一般说来，会展策划包括策划的需求方、策划者、策划对象、策划依据、策划方案等要素。[1]

1. 需求方

从会展业的实际运行情况来看，会展活动的举办者是会展策划的主要需求方。在我国，各级政府、社会团体以及公司企业等都可以依法依规举办和组织会展活动，因而，它们都是会展策划的需求方。

2. 策划者

策划者实际上是会展策划的提供者。它可以是会展活动主办方所组建的策划团队，也可以是主办方委托的专业机构。近年来，政府或民间组织通过一定的形式从社会力量中购买会展主

1　许传宏. 会展策划与管理 [M]. 武汉：华中科技大学出版社，2019.

知识链接

菜市场的新书
发布会

题策划方案也逐渐成为常态。在整个会展活动中，会展策划者起着"智囊"的作用，策划者的见识直接影响会展活动的质量水平。

3. 策划对象

策划对象指会展策划所围绕的目标、范围、领域等方面的要求，策划对象既可以是某个选题的整体会展活动，也可以是整体会展活动中的某一具体项目，如会展宣传项目、会展设计项目等。

4. 策划依据

策划依据指在会展策划过程中，策划者所依托的项目市场条件、项目背景、项目资源以及策划的手段、方法等方面的情况。它既包括策划者的知识结构、信息储存以及有关策划对象的专业信息、经验等，也包括会展项目立项的主客观条件等。

5. 策划方案

策划方案是策划者为了实现策划目标，围绕策划对象而进行总体谋划、组织设计且富有创意的一整套项目策略、方法和步骤。在会展策划中，策划方案是工作的重点也是难点，它在会展项目的后续开展中起着至关重要的作用。

好的策划方案是一个系统化的内在体系。它不仅要求具有项目实施的可行性，而且，在专业性、创新性以及效应评价方面都有详细的要求。会展策划方案的诸要素之间互相影响、互相制约，从而构成一个完整的体系。因而在进行会展策划时，策划者要特别强调整体性与系统性的观念。

（三）会展策划的原则

在会展策划的过程中，不论是为会展活动提供的策略还是具体的行动计划，都要遵循一些指导思想与行动准则。会展策划的基本原则主要有以下几个方面。

1. 目标性原则

会展活动，从宏观方面来说，其目标可以是促进地区经济的发展与增长，或者塑造城市形象、打造城市品牌，促进城市经济的一体化发展；从微观方面来说，其目标可以是促进企业产品的销售与推广，或者传播有关的信息、知识、观念；对会展活动的组织方和参展方来说，举办会展的目标可以是塑造会展的品牌，或是塑造企业的形象等。会展活动的目标为会展活动指明了方向。在会展策划过程中，目标应当明确清晰，针对目标要开展一系列的会展策划活动。

2. 可行性原则

对于会展活动，要实现预定的目标，关键在于能否顺利地开展会展的后续工作。好的策划不仅有周密的活动计划，而且能够高屋建瓴，整合资源，开阔思路。策划时要综合考虑人力、物力、财力等情况，顺应天时、地利、人和的时势。会展策划应该有充分的可行性。切实可行的会展策划要求在做会展策划方案时，必须结合会展市场的客观实际情况进行精心策划，结合相关办展机构、参展主体的具体情况以及会展项目的实施能力等来进行策划，否则就成了纸上谈兵。

3. 市场性原则

在市场经济环境下，会展活动项目能否存活并获得发展，关键要看有没有市场需求。所谓市场需求，通俗地讲，就是展览会的相关方特别是参展商与观众是否需要这个展览会，或者是会议的与会者是否需要这个会议。每一项会展活动都应经过前期市场调研，以检测会展活动的可行性。在进行具体的会展活动策划时也要秉持市场性原则，以确保活动内容设置符合市场趋向，具有市场发展空间。

4. 创新性原则

会展策划是一项将创意思维转变为现实的工作。会展策划离不开创新，无论是会展主题、会展题材还是会展展品，只有具备创新力，才能够赋予会展更大的吸引力。因此，在进行会展策划活动时要时刻保持创新热情，勇于尝试创新活动，才能使创新会展活动促进会展业整体进一步发展。

5. 价值性原则

会展活动的意义包括创造价值。在进行会展策划时要遵守价值性原则，不过要强调的是，这里的"价值"并不是指要一味地关注商业价值、经济价值，应该兼顾社会价值、附加价值等"无形的价值"。在策划时应该考虑如何将价值体现在活动中并充分发挥会展活动的价值意义。

二、会展策划的方法

要使会展策划取得良好的效果，就要熟悉会展策划的方法。普适性的会展策划逻辑能使会展活动具有事半功倍的效果。

（一）基本逻辑

1. 时间逻辑

会展活动的流程是根据时间逻辑进行的具体安排，会展策划要有时间逻辑，根据会展不同阶段的活动内容提前进行不同的策划。总体而言，会展策划按照时间逻辑分为四个阶段：决策阶段、筹备阶段、实施阶段及展后评估阶段。

（1）决策阶段主要是前期脑力活动的过程，需充分发挥想象力，凸显会展的创意与特色，同时要注意结合现实环境进行考虑，保证决策的现实性和可行性。

（2）筹备阶段主要是根据会展决策进行相关资源、人力的准备工作。比如确定参展商以及专业观众对象，确定展台设计图、赞助和宣传资源等。

（3）实施阶段指在会展举办阶段，策划者应该侧重对现场活动的把控，确定好活动内容的协调组织安排以及具体的餐饮安排落实等工作。同时注意把控会展活动可能面临的风险以及应对措施。

（4）展后评估阶段主要是对会展整体举办情况进行评估总结。通过撰写会展活动评估报告、召开会议等方式对本次会展活动进行综合、全面的评估，在复盘中总结经验。

2. 整合逻辑

会展策划的本质是对各种零散资源的整合，在进行会展策划活动时，要具备整合逻辑，即利用并整合与会展项目相关的资源，把专业化的服务提供给客户。

根据整合逻辑，可以从主办方内部资源和外部资源两方面入手进行配置。

在主办方内部，主要有资金、人力、办公设施等资源。在主办方外部，主要有会展活动所需的客户、展馆或会议场所、媒体、配套服务机构关键合作方等资源。有些会展活动还需利用或借助政府拥有的行政资源。

这些外部资源是否具备且是否可被利用，是会展项目能否立项或实施的前提。内部资源的配置服务于外部资源的需求。换言之，如果不能利用或整合外部资源，配置内部资源就失去了方向，没有了意义。

对主办方而言，内部资源的配置基本是自主的、可控的。但外部资源基本是非自有的、不可控的。配置外部资源比配置内部资源更难。

缺乏资源或资源不足的会展项目，是无法在市场上存续的；缺乏利用并整合资源能力的主办方，是无法推动会展项目正常经营的；缺乏优化资源配置能力的主办方，是难以提高会展项目市场竞争力的。

知识链接

什么是资源整合

3. 商业逻辑

大部分会展活动都带有商业性质，因此在会展策划时要具备一定的商业逻辑。商业模式画布可以用于培养商业逻辑。商业模式画布是一种用于梳理商业模式的思维方式和工具，可以描述、评估和改变商业模式，并以一种极其简练的、可视化的方式表现出来，如图1-2所示。

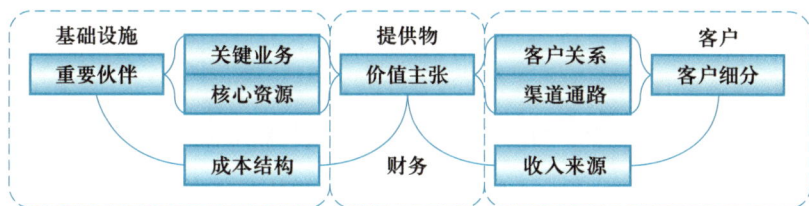

图1-2 商业模式画布

商业模式画布一共分为九个模块：客户细分、价值主张、渠道通路、客户关系、收入来源、核心资源、关键业务、重要伙伴和收入来源。这九大模块覆盖了商业的四个视角：客户、产品或服务、基础设施及财务能力。对整个商业模式画布来讲，"价值主张"模块左侧的四个模块更重视"效率"，其右侧的四个模块更重视"价值"。

制作商业模式画布有一定的顺序。（1）要确定目标用户群体（客户细分）；（2）确定目标用户的需求（价值主张）；（3）制定接触用户的方式和渠道（渠道通路）；（4）确定企业与客户保持什么关系（客户关系）；（5）确定企业的赚钱方式（收入来源）；（6）确定实现营利的核心资源（核心资源）；（7）制定关键业务行动（关键业务）；（8）确定和评估企业的合作伙伴（重要伙伴）；（9）确定以上各环节发生的成本开支（成本结构）。

知识链接

制作会展策划活动商业画布，需对参展商和专业观众进行客户细分，确定核心客户，并通过分析客户的价值主张来确定邀约方案，维护会展客户关系，随后确定会展活动的营销方式，确定赞助商以及赞助方式。在会展活动结束后进行客户关系评析，总结财务支出与收入情况。

商业模式画布

（二）思维方法

进行会展策划工作是一项将头脑中的方案变为现实的过程。因此，在一开始的策划构思阶段，就要运用正确的思维方法，这样才能为之后会展策划活动的顺利实施提供保障。

1. 价值思维

价值思维，指在做任何事情的时候，都要通过一系列价值评判进行充分评估，最终做出价值最大化的选择，整个评估的思维体系，就叫价值思维。进行会展策划需要的首要思维方法就是价值思维，只有以价值为导向开展策划工作，才可以最大限度地避免无效的策划工作，避免人员、资源的浪费。

要树立价值思维首先要明确会展活动策划是为谁创造价值，找到价值主体即会展活动所服务的对象——参展商和专业观众。并以此为基础建立价值评估体系，在价值衡量中找到真正需要的策划方案。

2. 客户思维

会展行业作为服务行业，其活动的服务对象就是参展商和观众，他们参加会展的体验十分重要。例如，迪士尼的活动是为了给游客制造一种欢乐的体验和美好的回忆。好的策划也是如此，尽管会展的类型不一，人们参加会展活动的目的各不相同，但对于策划者，创造难忘的体验才是最根本的目标。为此，活动组织者要在策划时从客户的角度出发，创造具有体验性的创意设计，来吸引更多的参与者，为他们带来难忘的体验。

3. 创新思维

知识链接

会展创意的常用方法

在产品同质化日益严重的市场中，创新尤为重要。会展活动的短暂性赋予每一场活动独特性，要想最大限度地体现会展活动的独特性，要打破常规，运用新的视角开展创新策划活动，进行大胆的创新，用无限的创新之能来为客户提供优质服务。

4. 多元思维

多元思维指从多个视角思考事物的多个侧面。

会展策划需要多元思维，会展活动的参与对象往往较多，内容也较为复杂，只有具备多元思维，才能帮助策划者突破思维局限。

（三）策展方法

会展策划思路，即策展思路主要是依据以上思维方法，结合策展实际得出的具有参考价值的思路。策展思路可分为以下五步。见图1-3。

片段选择　塑造感受　制造流程　确立边界　赋予意义

图1-3　策展思路

1. 片段选择

会展所展示的内容不一定要全面，但要符合主题，具有代表性。例如唐宋八大家的作品展，相对于那段历史，作品展上的展品数量是有限的。然而，我们欣赏、回味的就是这些被挑选出来的有限的展品，因此，展览就是由挑选出的一小部分可以感知的东西，被赋予意义后创造的一个小世界。

2. 塑造感受

"展"就是展开，把抽象概念展开成为可感知的具体场景和事物。会展策划除了包括活动流程策划之外还包括现场环境氛围策划，目的就是通过策划增加道具，给参展者更好的体验感受。此外，每场展会都可设置配套的纪念品，如吉祥物等，以及设置互动活动来提升参展者的体验感。

3. 制造流程

制造流程指在空间上可感知，在时间上线性展开的一次完整经历，有起、承、转、合。每一场会展活动都有一条完整的时间线，从开幕式到闭幕式，每一项活动都是按照时间顺序来进行排列的。

4. 确立边界

任何展览都有期限，不是永久存在的，而是临时存在的，就像"沙画"，可以随时被创造，随时被抹掉。这正是会展暂时性的特殊魅力，因此在策划会展活动的一开始就要考虑活动的举办时间，以及是巡回展出还是系列展出，如果要树立会展形象，打造会展品牌就要长期举办。

知识链接

策展思维

5. 赋予意义

建造一个有意义的场域，让用户认同和参与。许多会展活动都会提出有号召力的主题口号来吸引认同口号理念或者观点的人们前来参加，对于参展者，参加会展活动就是践行会展口号理念，而这在无形中又赋予了参展者和会展活动新的意义。

三、会展策划的阶段与步骤

会展策划需结合现实环境综合考虑各方需求，还要考虑如何应对环境的不确定性。因而明确会展策划的流程十分必要，只有根据清晰的流程展开策划工作，才能在最大限度上确保会展策划方案顺利实现。

（一）会展策划的阶段

会展策划的基本流程指根据会展活动不同阶段的需要所进行的阶段性策划工作。结合会展策划的具体内容，会展策划流程包括前期准备、现场实施和后续总评三个阶段，具体基本流程如图1-4所示。

```
                    会展立项策划  ←————————————  反馈
                         │
            ┌────────────┴────────────┐
       会展内容策划              会展主题创意策划
            │                        │
    ┌───────┼──────────┬─────────────┤
 确定参展商   确定专业观众        确定赞助商
    │          │         ┌──────┴──────┐
 招展策划   专业观众邀约    会展宣传       会展赞助
            策划         策划          策划
    └──────────┬──────────┘
         ┌─────┴─────┐
     会议论坛策划   相关活动策划
         │           │
   ┌─────┼───────────┴─────┐
确定活动小组    确定场地      确定服务商
   │           │            │
运营团队与   场地选择与现     服务商选择与
人员配备     场管理          管理
   └───────────┼────────────┘
          人车流向管理
               │
          会展风险管理
               │
          会展总结与评估
```

前期准备阶段

现场实施阶段

后续总评阶段

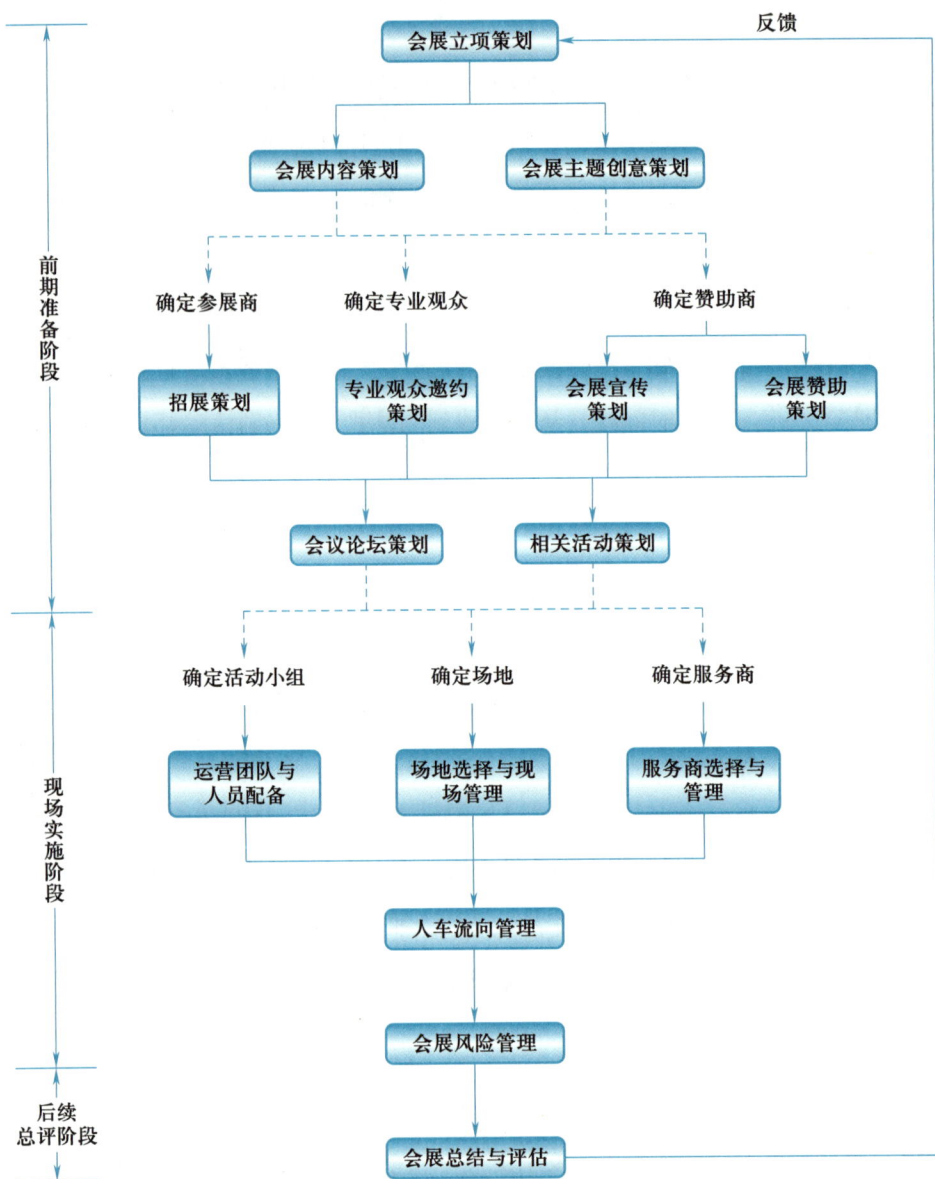

图1-4　会展策划的基本流程

1. 前期准备阶段

进行前期准备是策划者从想法到实际的第一步，因此具有十分关键的作用。在前期准备阶段，会展策划的主要工作是确定具体策划工作的大致方向以及主要内容。具体包括会展立项策划、会展内容策划、会展主题创意策划，由此确定会展活动的主题和活动内容，通过明确会展活动所指向的参展商、专业观众以及赞助商，开展招展策划、专业观众邀约策划、会展宣传策划、会展赞助策划，还有会议论坛策划和相关活动策划，以丰富会展内容。

2. 现场实施阶段

现场实施阶段是对会展策划前期准备工作的一次实践检验，在这一阶段主要是将策划设计内容与真实的会展环境进行比较，并针对真实的现场环境制定管理策略，以确保会展的顺利举行。这一阶段的主要内容包括运营团队与人员配备、场地选择与现场管理、服务商选择与管理、人车流向管理与会展风险管理。

3. 后续总评阶段

会展策划工作还包括后续的总结，会展活动的总结评估也要提前策划，要明确总结和评估的内容、收集的资料内容和收集方法、总结和评估报告的撰写等。在总结与评估时，通过分析会展活动中的问题，挖掘会展策划工作的不足之处，从实践中获得经验教训，为以后的会展活动策划提供参考。

（二）会展策划的步骤

1. 会展立项策划

会展立项策划指策划者根据能够掌握的各种市场信息，对即将要举办的会展活动进行可行性分析，然后确定会展活动的总体布局，设计会展项目的基本框架。在会展项目开展前，策划者需进行广泛的市场调研活动，综合分析各种信息资料，研究会展市场的变化规律，完成会展立项策划，以便为举办者进行项目决策提供依据。一般的会展活动须报请有关部门批准后才能正式启动，会展项目通过可行性论证后，会展的举办还须备齐所需材料，向有关部门报批。

2. 会展内容策划

会展内容策划主要指的是对会展活动的整体内容进行预期方案设置与规划，策划的内容小到具体时间、地点等的确定，大到会展项目定位、产业链的价值分析以及会展项目组织架构等具体部分。会展内容策划是进行后续活动策划以及活动实施重要的依据。

3. 会展主题创意策划

具有创意的会展主题才能最大限度地发挥主题意义，制造焦点、吸引关注。在进行会展主题创意策划之前，策划者要了解创意的概念，同时要知晓会展主题创意的思想方法、实现路径、技术工具等。会展主题创意策划要考虑现实因素，不能只以创意为导向，缺乏可行性的创意自然会失去其存在的价值。

4. 招展策划

招展就是针对参展商推销展览、出售展位的过程。它是在会展筹备期间最重要的工作内容，招展效果的好坏，直接决定了会展筹备工作的优劣。因此招展策划也是非常重要的工作，要加以重视。招展策划需要的事情包括四个方面：一是明确招展的对象；二是要了解参展商的需求；三是明确在哪里可以找到目标参展商；四是设计招展流程、沟通渠道和成交促进。招展的流程一般包括：研究潜在客户、联络潜在客户、接近客户、评估客户需求、介绍展会、处理异议、达成交易。

5. 专业观众邀约策划

专业观众邀约策划与招展策划一样十分重要。没有观众的会展，就等于没有需求或没有市场的会展；而没有需求或没有市场的会展活动，就可能无法吸引参展商；没有参展客商支持的展览会，就不可能举办或持续举办。在具体的实施过程中，专业观众邀约策划根据观众以及会展的类型而有所区别。

6. 会展宣传推广策划

会展宣传推广是围绕会展活动的目的而展开的，是有计划地进行的一系列促进招展、招商和建立会展形象的宣传推广活动。例如，户外屏幕、电梯广告、地铁广告、网络、电视、期刊上都会有各类博览会、展览会的宣传广告。实际上，不论是提升会展活动的知名度、塑造良好的活动形象，还是为招展招商工作打下良好的基础，都需要专业的、系统的会展宣传推广。

7. 会展赞助策划

赞助已经成为借助大型会展活动进行营销的一种普遍形式，其双赢的结局吸引着无数的赞助商和大型活动组织者。对会展活动来说，赞助是一种新兴的营销沟通工具。赞助可以获得大量资金，是会展活动得以顺利进行的重要保障之一。

8. 会议论坛策划

一般来说，会议论坛的目标群体更为清晰，目的性更强，主要是在室内会议厅举办，对会议服务水平和质量要求更高。

9. 相关活动策划

相关活动策划主要指会展活动的配套活动策划。当前会展活动的内容呈综合化趋势发展，配套活动的内容也更加丰富。在进行相关活动策划时我们要秉持与会展策划相同的原则，注重以会展主题为中心，通过设计多彩的配套活动为观众提供更好的参展体验。

10. 运营团队与人员配备

会展活动往往需综合大量的人力资源来确保活动的顺利举办。因此，在会展策划时，也要考虑运营团队以及人员配备问题。

11. 现场策划与管理

从时间上来看，"会展现场"指从会展开始布置现场、开幕、开放展会、观众入场、参观直到会展活动闭幕这一段时间。会展活动现场策划与管理就是在这一段时间内，会展管理的各方提供给参展对象的一系列活动计划、控制和协调。

出色的会展现场策划与管理，能够组织驾驭会展的整体与全局，充分调动会展工作团队的积极性，做好细致的现场管理工作。会展现场管理工作纷繁复杂，包括从会展现场设备的安排、工作单位、机构概况、现场指南、活动前的预备会、现场沟通交流、开幕式、入场管理到活动安排、餐饮管理、安保清洁管理等，可以说，会展现场管理工作越细致，会展就会越成功。

12. 服务商选择与管理

会展活动的服务商指为整场会展活动提供辅助支持的服务企业，包括会场搭建工程公司、广告商、餐饮服务企业、设备运输代理、保安公司、清洁公司以及接待酒店等。

在进行服务商选择与管理时，须对相关人员进行岗前统一培训与沟通，向他们介绍会展活动相关情况，以便于他们能够更好地提供服务支持。

13. 人车流向管理

人车流向管理主要包括展前的注册与迎宾工作、人车流管理、标识系统等几个方面的内容，是对会展现场工作的细化。

14. 会展风险管理

会展风险管理指会展活动的管理人员对可能导致损失的会展项目的不确定性进行预测、识别、分析、评估和有效的处理，并以最低的成本为会展的顺利完成提供最大的安全保障的科学管理方法。进行会展风险管理，要了解会展可能面对的风险种类，并进行评估预测以及提出相应的风险应对措施。

15. 会展总结与评估

会展总结与评估指对会展活动的整体实施效果进行评估。总结与评估是两个阶段，首先是对已有资料的总结。展后总结工作不是独立的业务工作，而是管理工作的组成部分，总结的作用是统计整理资料，研究分析已做过的工作，为未来工作提供数据资料、经验和建议。因此，会展总结对会展经营和管理有着重要的意义和作用。

会展评估工作的作用和意义在于为判断已完成的工作效率和效果提供标准和结论，并为提高以后的工作效率和效果提供依据和经验。每次展览都会有宝贵的经验和教训，系统的评估包括对成本效益的评估、宣传质量效果的评估、招展代理完成目标任务的评估、主办单位是否具有预期号召力的评估等。

本章思考题

    1. 简述会展立项的流程。

    2. 简述会展项目定位的基本流程。

    3. 举例说明如何正确地选择展会题材。

    4. 策划展会活动之前为什么要进行产业链价值分析？

    5. 会展项目财务预算具有哪些作用？

即测即评

第二章　会展立项策划

本章思维导图

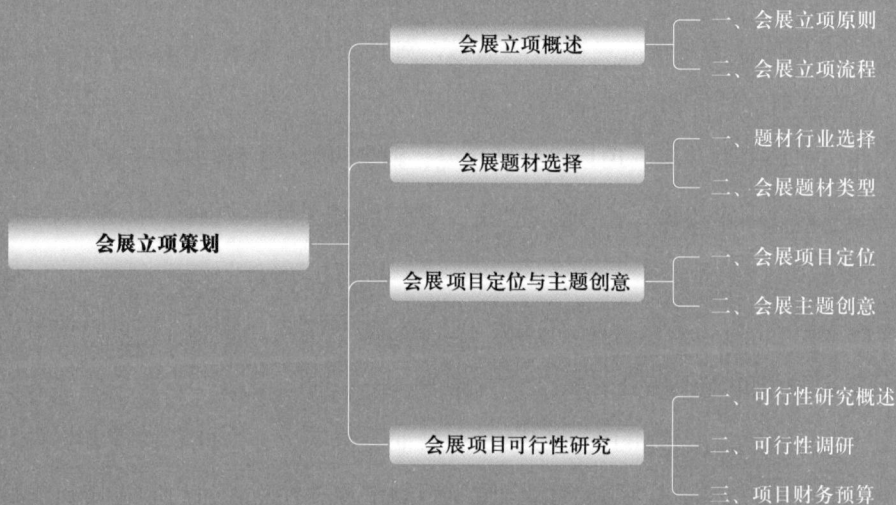

```
                                              ┌─ 一、会展立项原则
                            ┌─ 会展立项概述 ──┤
                            │                 └─ 二、会展立项流程
                            │
                            │                 ┌─ 一、题材行业选择
                            ├─ 会展题材选择 ──┤
                            │                 └─ 二、会展题材类型
会展立项策划 ──────────────┤
                            │                     ┌─ 一、会展项目定位
                            ├─ 会展项目定位与主题创意 ┤
                            │                     └─ 二、会展主题创意
                            │
                            │                     ┌─ 一、可行性研究概述
                            └─ 会展项目可行性研究 ──┼─ 二、可行性调研
                                                  └─ 三、项目财务预算
```

关键词

会展题材　会展立项　调研分析　财务预算　总体方案

学习目标

1.理解会展题材的概念，知晓选择会展题材的方法；

2.熟悉会展立项策划调研的基本流程；

3.了解如何进行会展项目的可行性分析；

4.掌握会展项目财务预算的方法；

5.了解总体方案的撰写方法与技巧

第一节　会展立项概述

"千里之行，始于足下"，会展立项是各项活动开始的基础，决定了项目能否顺利落地，是从创意到实践的关键点。

一、会展立项原则

会展立项指策划者根据能够掌握的各种市场信息，对将要举办的会展项目进行可行性论证，并对会展项目的有关事宜进行初步规划，设计会展项目的基本框架[1]。一般包括会展题材选择、策划调研、产业与市场需求分析、项目可行性研究、财务预算、总体方案撰写、立项申请与呈报等内容。会展项目立项应遵循可行性、效益性、创新性和灵活性原则。

（一）可行性原则

会展项目的实施受到政治、经济、文化、社会、法律等多种因素的影响，因此在进行立项时，首先应深度分析该项目的外部条件是否适合。例如，举办地的交通可达性是重要的影响因素之一，在申办 G20 峰会时，杭州的交通优势高于其他竞争城市，因此获得举办机会。城市的基础设施、酒店接待能力等也是举办大型会展项目的重要条件。在进行立项可行性评估时要综合考虑举办地的经济水平、政治环境、法律法规、科技水平、文化习俗等是否允许该项目落地实施，也要考虑该项目在本地的市场需求，以及主办方的人力、物力、财力状况。举办地居民有时会因为会展项目对当地人日常生活的影响而反对举办大型会展项目。例如，米兰世博会在筹备期间就曾被市民反对。东京奥运会由于新冠肺炎疫情推迟时，有不少市民建议彻底取消，以避免大量外来人的涌入带来疫情防控风险。总之，可行性分析需在会展立项前期进行大量的调研和信息收集，了解与会展项目相关的因素，以确保会展项目能够顺利启动和运行。

（二）效益性原则

会展项目落地实施能够产生经济、社会、生态等综合效益，在会展项目立项策划的过程中不仅要注重项目的经济效益，还要尽量实现较好的社会效益和环境效益；既要注重近期利益，又要注重长远利益；既要考虑参展商、主办方的利益，同时要兼顾当地居民的利益，实现各方利益相关者的统筹和平衡。例如，早期的奥运会并没有给举办地带来太多利益，因此各个国家

1　许传宏. 会展策划与管理 [M]. 武汉：华中科技大学出版社，2019.

和城市举办的积极性并不高。而后来随着电视、互联网的发展，奥运会备受瞩目，其影响力和商业价值极高，于是各个城市竞相申办。然而，近几年也有一些"后奥运现象"，为了举办大型赛事而修建的场馆和接待场所在奥运会之后被大量废弃，产生了很多负面效应，不少城市也在反思举办这些大型赛事的弊和利。基于效益性原则，举办地需冷静思考会展项目的综合价值，不能随意跟风。

（三）创新性原则

会展产业属于文化创意产业和新型现代服务业，创新性将极大地影响会展项目策划的成功率。会展项目创新性既体现在会展主题的创新，又表现在会展活动过程中的具体环节的创新或与业态融合创新。例如，不仅可以在常规的会展场馆举办，也可以在具有标识性的其他场所举办。平遥摄影展以平遥古城为办展地，《薛兆丰经济学讲义》发布会在菜市场举办，乡村振兴成果展在某个有代表性的乡村举办……除此之外，在海滨、长城、艺术社区等地都可以举办特色会展项目。此外，在展览展示中可以使用虚拟现实、增强现实、全息投影等技术手段，以新的形式展示产品。

（四）灵活性原则

会展项目在策划与实施过程中可能遇到一些意想不到的变化，天气状况、政策原因、突发事件等都会影响项目的正常进行，因此在策划方案时要考虑灵活性，拟定多种备选方案，一旦遇到变化就可以灵活应对，最大限度地降低风险。国际政治、经济环境的变化也会极大地影响会展项目的实施。2022年，俄乌战争引起国际形势的剧变，国家之间的矛盾和对立使很多展览、会议无法正常开展。

二、会展立项流程

会展立项的流程主要包括会展题材选择、策划调研与分析、可行性研究、财务预算、总体方案撰写、立项申请与呈报六个环节。见图2-1。

图2-1 会展立项流程

（一）会展题材选择

会展题材选择是为了确定会展活动内容所在的行业或领域，主办方可以选择开发新的题材。题材选择的方法主要有新立题材、分列题材、拓展题材和合并题材等。对于新开发的会展项目，在选择题材时应重点考虑国内外市场的需求、参展容量、合作伙伴、主办方的实力等问题。例如，中国国际进口博览会是世界上首个以进口为主题的大型国家级会展项目，2018年举办的首届进博会产生了巨大的国际影响力。对于已有会展项目，应注意总结以往的经验，体现创新性与前瞻性，反映行业趋势与焦点。如2021年湖南（长沙）国际智慧交通博览会设立了多个题材，依据会展项目题材划分出"智慧公路、城市智能交通、智慧港航、智慧轨道、智慧航空、智慧枢纽、智能交通融合技术、交通安全"八大展区。由于环境条件变化等因素，可以在原有的会展项目的基础上进行拓展或者合并。中国食品餐饮博览会是由商务部主办的内贸领域申办制会展项目，由连续举办了10届的中国食品博览会和连续举办了3届的中国餐饮业博览会合并而成。

（二）策划调研与分析

会展策划调研与分析是决定会展项目能否立项，以及立项后能否规避风险并达到预期效果的基础性工作。在项目开始策划前要进行深入调研，了解该会展项目的环境情况、行业情况、重点企业情况、活动参与者情况等信息，为主办方进行会展项目价值分析和内容设计提供依据。策划调研工作主要包括前期准备阶段、正式调研阶段、调研结果处理阶段。在前期准备阶段，要认真思考调研的核心问题、甄选调研对象、设计调研提纲、组建调研团队、拟定调研计划。在正式调研阶段，可以通过收集官方数据、统计报告、企业年报等方式获取数据和信息，针对观点态度问题可以进行问卷调查，而对于一些关键问题，可以邀请核心人物召开座谈会，或者进行"一对一"深度访谈。关于具体的场地、环境，还需亲临实地进行考察。在调研结果处理阶段，可以通过数据分析软件处理，基于访谈记录的对比核实获得较真实可信的结论。

（三）可行性研究

可行性研究，主要是对会展项目是否可行进行的调研分析，为主办方的决策提供依据，判定项目最后能否实施。可行性研究的内容主要包括市场环境分析、项目生命力分析、执行方案分析、财务分析、社会效益分析、风险预测六个方面。基于可行性研究内容撰写可行性分析报告，将该报告与立项申请一起上交相关机构审批。

（四）财务预算

会展项目财务预算主要是预测项目收入和支出比，预测项目实施后能否达到预期目标以及可能产生的财务风险，为会展策划方案的调整和主办方的最终决策提供参考。

（五）总体方案撰写

会展项目总体方案包含会展项目题材选择、策划调研、产业与市场需求分析、可行性研究、财务预算等方面的内容，它不同于会展策划案，是一个会展项目从策划筹备到落地实施，再到后期评估追踪等整个过程的执行方案。会展项目总体方案没有固定的模板，内容根据需要可简可繁，包括以下 4 个基本部分。

1. 标题

标题应包括策划对象名称与种类。比如中国深圳国际钟表展总体方案、中国体育文化·体育旅游博览会总体方案等。

2. 文头

文头应该包括策划者和策划时间。策划者的姓名或团队名称、策划者职位、策划者单位。

3. 正文

正文部分是总体方案的核心，主要包括：项目背景与立项指导思想、发展前景简析、会展主题、办展时间与地点、组织架构及职责安排、展览内容、日程安排、经营管理目标、组织工作措施、风险预测与应急预案、有关建议等。

4. 附件

附件通常是一些图表，是对正文内容进行补充说明，或者是对重要事项、特殊事项的特别说明。如展览会财务预算说明与预算表（草案）、展览会组织工作进度表（草案）等。

总之，编制会展总体方案是展现策划工作阶段性成果的重要标志，要注意以下方面。

（1）注重方案的实效性，展览会总体方案既是立项工作的指导性文件，也是立项工作实际进展情况的综合反映。因此，总体方案的设计必须与现实条件相结合，注重方案的可行性。脱离立项工作的展览会组织工作方案，即使内容再全、文字再好，也不能实施。

（2）注意集思广益，展览会总体方案是在主题创意、市场调研、可行性研究之后，经主办方决策同意，在立项之后撰写并提交的项目指导性方案。其间，策划工作程序复杂，耗时很长，花费成本较高，不应以个人行为看待方案编制工作，如果不了解展览会策划工作的实际情况，就不能指导项目立项工作。

（3）避免模式化，会展总体方案首先是服务于主办方，满足主办方的实际需要是其第一服务宗旨。在展览业内，需要总体方案的主办方主要包括两类：一是政府及其部门；二是需利用包括政府在内的权威资源机构的商业主体。第一类主办方所需的方案一般强调项目背景与立项指导思想、组织架构、规模目标、同期活动等方面。第二类主办方所需的方案一般强调满足相关权威机构的需要。在编制方案时，策划工作者必须了解主办方的需求，尤其要注意满足主办方的特殊需求（如设计同期活动，邀请高规格嘉宾出席等），以提高方案的针对性与满意度。

（六）立项申请与呈报

会展项目确定立项之后，就要向相关主管部门或主办机构提交申请与呈报。一般情况，国际性展览会的立项手续相对复杂，从立项申请与呈报到开始举办国际展览会一般需要一年半到两年的时间。因此，会展项目申请书需在立项的一年前呈报。呈报书上应写明会展项目的名称、内容、目的、时间、地点、规模及主办单位等。如果是定期会展项目，则应注明。根据有关规定，在我国举办国际性会展项目，不论是单一或多个国家或地区的来华展览会，均要呈报主管部门批准，经批准后，会展项目立项才能成功。随后，主管部门除了把批准书批复给呈报者外，还会将批件抄送给海关、商检及政府相关部门[1]。

会展项目立项策划书是根据可行性研究报告的结果汇总而成的一份项目启动报告，是行业分析和项目构思的结果，其内容主要包括：办展市场环境分析、展览的概况、展览价格及初步预算方案、展览工作人员分工计划、展览招展计划、展览招商计划、展览宣传推广计划、展览筹备进度计划、展览服务商安排计划、展览开幕和现场管理计划、展览期间举办的相关活动计划、展览结算计划等。

案例分析

会展立项策划书样例

第二节　会展题材选择

会展题材的选择和确定是一项非常细致和专业的工作，它往往涉及产业的专业分类和专业配置。会展题材选择合适与否，直接影响办展的专业性和市场的拓展性，这对会展项目的招展招商和未来发展都有重大影响。

1　赵玉牲，沈和江. 现代会展理论与实务 [M]. 北京：对外经济贸易大学出版社，2013，8.

一、题材行业选择

会展题材指会展活动所涉及的行业或领域。就展览而言，指举办一场展览会所计划展出的展品范围。对于会议或者活动，就是其主题或者议题。由于展览会涉及的内容较为复杂，以下主要从展览会角度谈题材选择。

会展题材选择首先是基于行业发展，主办方需分析行业的各项特征，评估自身的优劣势，结合举办地的产业特征、政府政策等情况来综合判断和选择行业。通常展览企业可以从以下七个方面来综合选择适合办展的行业。

（一）行业周期

一个行业的发展通常会经过投入、成长、成熟和衰退四个阶段。处于投入期的行业，企业数量有限，市场规模不大，举办展览难以获利；对于处于成长期的行业，由于市场扩张快，企业数量增多，营利性好，对物资、设备的采购和投资需求也较大，较适合办展览；处于成熟期的行业，由于市场竞争激烈，企业数量较多，很多企业在为产品寻找销路，比较适合举办展览；而处于衰退期的行业，企业数量在不断减少，企业的盈利性差，企业生产和投资萎缩，不适合办展览。例如，消费电子是如今的朝阳产业，很多城市举办此类会展项目；随着社会老龄化的趋势，老年用品博览会越来越多；食品餐饮属于日常生活消费，各类食餐会、火锅用品博览会、农业产品博览会、渔业博览会等经久不衰。

（二）行业规模

行业规模主要指行业的生产总值、销售总额、进出口总额和从业人员数量等，这些是展览策划时要参考的重要数据。行业规模决定了展览的规模，展览企业应该选择一定规模的行业，适量的规模才能保证参展商和观众的数量。例如，随着中国轨道交通技术的不断发展，高铁、地铁、轻轨、磁悬浮列车等越来越多地出现在全国各地，基于产业规模的扩大，轨道交通展也随之备受关注。

（三）营利能力和未来潜力

行业的营利能力是办展企业要重点考虑的问题，行业的营利性越强，举办会展项目的积极性就越高，在该行业办展越可能获得高的盈利。当然，有些会展企业可能着眼于长远的营利性，即更关注行业未来的潜力，可以接受眼前的亏损，愿意等到行业发展后再赚取利润。

（四）行业的垄断性

如果一个行业具有垄断性，比如，只有少数几家生产企业，那么，除非会展企业与垄断行业有很好的联系和沟通渠道，否则，吸引该行业内的企业参加会展将很困难；如果该行业产品的客户具有垄断性且议价能力很强，那么会展项目邀请观众时就可能会付出很大的代价。

（五）相关商家状况

进入一个行业办展，除了生产商的数量会决定展览规模，各种中间商和关联行业厂商的状况也会影响展览规模。中间商和关联行业厂商既可能是展览的参展商，又可能是参展观众，都是展览潜在的客户。

（六）产品销售方式

一般来说，适合办展的行业的销售方式是以"看样成交"为主，对产品的外观设计、功能演示比较看重。如果产品销售可以通过看说明书或图纸成交，则在该行业办展的空间就较小。此外，如果一个行业的产品批发市场发达，有众多大型批发市场，则在该行业办展也会遇到较大的困难。如果行业的销售渠道比较成熟，各企业的销售渠道自成体系，那么也不利于办展。

（七）行业协会状况

一般来说，如果行业内存在具有号召力的行业组织，则意味着该行业有较统一的行业规范和行业自律，行业协会对企业的参展意愿和参展行为能够产生较大的影响。办展企业应该积极争取各类行业协会的支持，并努力开展与行业协会的合作，推动展览的成功举办。

二、会展题材类型

会展题材类型可以分为四种：新立题材、分列题材、拓展题材和合并题材。

（一）新立题材

新立题材指通过对搜集到的各种信息进行整理和分析之后，选定一个从来没有涉足过的产业，从中选择展览题材。

当今会展项目的题材非常丰富，可以从一些新的事件和机遇出现之后，捕捉新兴题材。例如，在上海的进博会成功举办之际，很多城市也举办地方的进口博览会。

从国外已经举办过的各种会展活动中初选若干有新意的题材，然后确定一个或几个题材。对于不少的题材，在我国还没有某一领域的会展项目，而在国外却已经形成相对成熟的品牌项目，如果能将该题材引入我国并进行本土化改造，成功的可能性会比较大。

新立题材往往是关于新兴行业，是适应市场的发展趋势，且同题材会展项目的竞争少，办展成功的概率大；同时开发新的业务范围有利于办展机构拓展新的投资空间。如果办展机构缺乏对该领域的了解和相应资源，就不利于筹备工作的开展；如果缺乏对该行业的了解，就会缺乏权威性，因此就削弱了市场号召力。

（二）分列题材

分列题材就是将会展企业已有的会展题材再进行细分，从原有的大题材中分列出更小的题材，并将这些小题材办成独立的项目。合理地分列题材不仅能为原有会展活动让出更大的发展空间，而且可以使细分题材的新项目具有更强的专业性，并不断发展壮大。比如广东某个照明展，LED 本来是其中的一类展品，后来 LED 的发展速度很快，组委会就将 LED 单列出来做了一个 LED 展，经过几年的发展，LED 展的规模甚至超过了原来的照明展。

分列题材的条件包括四个方面：（1）原有会展项目已经发展到一定规模，而且某一细分题材在原有项目中占有较大的比重，并呈现迅速发展之势；（2）由于场地面积限制等原因，某细分题材在原有会展中的面积很难进一步扩大，如果将其分列出来单独办展，将有更大的发展空间；（3）某一细分题材在被分列出来后，原有会展项目不会因此受到大的影响；（4）某一细分题材适合单独举办会展，换句话说，该细分题材与原展览会的其他题材之间有相对的独立性，这一细分题材的企业和客户可以从原有会展中分列出来，并拥有足够的市场潜力。

分列题材的新展览会易举办成功，并且使原有展览会和依据细分题材的新展览都更加专业化。但应注意的是，要把握好分列的时机；办展机构要具备分列题材独立办展的实力。

（三）拓展题材

拓展题材就是将现有展览会未包含的但与其密切相关的题材，或者是将现有项目大题材中还未有的某一细分题材列入现有展览题材。通过拓展题材，会展企业不仅能扩大现有会展规模，增加参展商和专业观众的数量，而且可以使会展题材更完整，从而增强会展的专业性。比如食品餐饮博览会，可以拓展食材、肉品等题材；建材博览会，可以拓展全屋定制、建材新材料等题材。

要注意的是，计划拓展题材与现有会展题材要有明显的关联性；计划拓展题材的新增不会给现有项目造成任何操作上的麻烦；现有项目的专业性不会因计划拓展题材的新增而受到影响。拓展题材有利于扩大展览会的参展展品范围，使原有展览会更加专业、完整和具有代表性；但应注意的是，拓展的展览题材可能会破坏现有展览会的专业性；影响现有展览会的展区划分，影响现有展览会的现场布置和管理。

（四）合并题材

合并题材是将两个或两个以上拥有相同的或一定关联的会展题材的现有项目合并为一个更

大的会展项目；或者是将两个或两个以上的会展项目中彼此相同或有一定关联的会展题材挑选出来，放在一个新的会展项目里举办。合并题材有利于会展企业集中优势资源打造品牌会展，发挥规模效应和协同效应，但势必也会加大操作难度和风险。为了降低合并题材可能带来的风险，应遵循以下原则：

（1）相关性。计划合并的题材如果不是同一题材，那么一定要有很强的相关性；（2）可预测性。应科学预测合并题材可能会给原有会展项目带来的影响，提前制定相应的对策，努力将不利影响降至最低；（3）协调性。如果在两个或两个以上的会展企业之间进行题材合并，那么在合并题材前要谈妥彼此之间的权责和利益分配方案；（4）适时性。要选择好合并时机，使合并能被业内企业所了解和接受，并让其有充足的时间做出反应。

合并题材后，两个或两个以上的办展机构可以互相配合，减少竞争，整合资源，发挥各自优势，提高办展质量；合并后的会展具有规模效应、提高会展档次，便于安排展览时间和展区设置，使会展项目的布置更趋合理化。如果采用两个会展合并为一个会展举办的方法，就涉及会展产权归属、办展机构利益再分配等方面，容易出现磨合问题，增加会展项目的不确定性。

在了解会展题材选择方法之后，还须注意对该题材进行多次严谨的市场调研，找到行业内的问题、热点和难点，用办展的形式去满足市场需求，去促进行业的整合和发展，并能在庞大的数据中发现市场中存在的某些需求，然后再策划会展项目去解决这些需求，通过大数据的应用使会展题材的选择更具有针对性。

第三节　会展项目定位与主题创意

一、会展项目定位

会展项目定位是会展主办方树立会展项目形象的过程，有利于会展客户对会展的特色有清晰的认知。

（一）会展项目定位概述

会展项目定位是会展主办方根据其内部资源条件、外部环境条件及市场行情（供需情况），通过建立和发展会展项目差异化优势，使该会展项目在参展企业和观众心目中形成一个鲜明而又独特的形象的过程。简言之，就是要清晰地告诉参展商和观众本会展项目"是什么"和"有什么"。

会展项目定位的关键是要在定位前找到最适合本会展项目发展的细分市场，并立足于这个细分市场，赋予本会展差异化和个性化特征，以区别于同题材的其他会展。进行会展定位时应注意：（1）会展举办机构要客观准确地分析自己的优劣势，要使自己在进入某类题材的会展市场时，能充分发挥自己的优势，避开劣势；（2）要使本会展具有其他同类会展不能提供和无法模仿的特征；（3）本会展的定位能够给会展客户提供高度的价值；（4）举办该会展对举办机构来说应是有利可图的，会展客户愿意支付参加该会展而引起的各种费用；（5）会展的个性化特征应能通过某种形式准确地传递给会展客户，并且会展客户在会展现场应可以感觉和体验到这种个性化特征；（6）会展的定位要能体现会展的主要目标，要具有前瞻性和可行性，并且要随着市场形势的变化而有所调整，不能一成不变。

会展项目定位可以通过会展项目识别、选择参展对象、创造差异化优势三个步骤来实现。

第一，会展项目识别。对会展项目进行市场细分，明确本会展项目要向参展商和观众提供哪些富有特色、与众不同的价值，由此界定本会展项目与相同题材的其他会展项目的不同之处。

第二，选择参展对象。通过市场细分，选择适合本会展项目的潜在参展商和观众的范围。当办展机构选择了某个细分市场作为目标市场时，其服务对象的范围就随之明确了。例如，食品博览会面向的参展商是食品生产加工企业、食品经营企业（批发商、零售商）及食品生产设备的制造商；其目标顾客就是对食品感兴趣的大众群体，包括生产者和消费者。在进行细分市场时要收集该细分市场特征的有关数据资料。比如大约能与多少参展商达成合同关系，能够吸引多少本地的和外地的观众。要考虑可实现性，即企业所选择的目标市场是目前的人、财、物和技术等资源条件能够通过适当的营销组合所占领的，并且是能获得较高满意率的。还要关注可营利性，即所选择的细分市场有足够的需求量及发展潜力，使企业赢得稳定的利润。

第三，创造差异化优势。会展定位的目标主要是对参展商和公众的认知产生影响，要构建与其他同类题材会展项目的差异化，和竞争者有所区别。在会展业竞争日益加剧的背景下，应更加注重培养自有的品牌会展项目。例如，在德国慕尼黑每年要举办40多个重要展览会，其中有一半以上是各个行业的引领性会展项目。高档次的展览会为慕尼黑赢得了大批参展商，也增强了对旅游者的吸引力。

成功的定位策略能使会展活动产生事半功倍的效果，在对会展项目进行定位时要尽量避免以下四方面的问题。

（1）定位不充分。如果会展项目的特征、优势及其带给参展商和观众的利益表达不充分，或者未能全面地概括会展项目的特征、优势及利益，参展商和观众就会对会展项目产生非常有限的印象，从而不利于会展项目的发展。

（2）定位过度。如果夸大会展项目的特征、优势及其能带给参展商与观众的利益，会展项目最终带给参展商与观众的利益是无法实现的。

（3）定位模糊。会展项目定位不能清楚、准确地表达会展项目的特征、优势及其能带给参展商和观众的利益，将使会展项目丧失品牌号召力，不利于对会展项目竞争优势的培养。

（4）定位僵化。会展项目定位应随着市场形势的变化而变化。会展项目定位僵化就不能反映市场的最新需求，不利于会展项目的发展。

（二）会展产业链价值分析

在会展策划工作中，须根据产业链结构属性与价值属性，确定参展对象与展品范围，从而助推展区划分、参展商和专业观众的邀约等后续工作的开展。

1. 产业链与产业链价值分析

产业链有狭义和广义之分。狭义产业链指从原材料一直到终端产品制造的各生产部门的完整链条，主要面向具体生产制造环节。广义产业链是在面向生产的狭义产业链基础上尽可能地向上下游拓展延伸。产业链向上游延伸进入基础产业环节和技术研发环节，向下游拓展则进入市场拓展环节。产业链的实质是不同产业的企业之间的关联，这种关联的实质是各产业中的企业之间的供给与需求的关系。产业链中存在大量的上下游关系和相互价值的交换，上游环节向下游环节输送产品或服务，下游环节向上游环节反馈信息。产业链价值分析指分析某个产业链的各环节对整个产业链正常运作所具备的价值。

2. 产业链价值分析的作用

（1）明确参展商与展品。产业链上的各环节相互依存，相互制约。通常有着直接供需关系的企业联系更为紧密。例如，汽车博览会，将汽车整车制造商作为参展商的主体部分，要根据参展商在产业链中的价值，分析参展商在会展项目中希望遇到哪些人群，比如行业龙头、汽车批发商、汽车代理商、新闻媒体等，从而依据参展商的主要需求制定招商招展计划，并且根据参展商的类型划分会展项目现场的各类展区。

（2）明确专业观众。在明确了参展商的类型和主要需求以后，主办方才能有针对性地进行专业观众邀约。例如，在汽车博览会上，通常汽车整车制造商希望多与汽车批发商、代理商、行业龙头等进行交流；汽车经销商希望能够更多地接触汽车整车制造商、售后服务商等。因此，主办方可以将汽车生产商作为核心，邀请汽车经销商、售后服务商等类型的客户参展，而不是撒网式地进行宣传和邀约。

（3）明确活动内容。先明确产业链的核心环节与其上下游环节，以及各环节之间的竞合关系，再以此为依据策划会展项目活动，明确活动内容。例如，汽车产业链以汽车制造业为核心，上游涉及钢铁、机械、橡胶、石化、电子等行业；下游涉及保险、金融、销售、维修、物流等行业。在汽车博览会的筹备阶段，可以以汽车制造商作为参展商主体，沿着产业链条邀请相关行业的参展商和专业观众参展。在会展项目期间举办专题会议、评奖等活动，增加双方的沟通交流。

（4）提升会展项目服务质量。一场会展项目的成功与否，在很大程度上取决于会展期间的成交额和意向成交额。若主办方能够正确地分析办展行业产业链各环节的价值，正确地进行招商招展和专业观众邀约，为参展商和专业观众创造坚实可靠的交流平台，减少无关因素对会展项目的干扰，提高参展商与专业观众的沟通效率，签约合作的可能性就会增加。若主办方可以在会展项目中为参展商和专业观众提供配对服务、交流会等增值服务，则整个会展项目的服务质量就会得到提高。

知识链接

会展项目合作
伙伴

（5）增加会展项目的价值。若参展商和专业观众在会展期间进行了愉快的交流，达成一定的成交额，或者享受到较好的会展项目服务，那么会展项目的经济效益和社会效益就会随之增加，并且下届会展项目的吸引力也会增强。

3. 产业链价值分析的思路

产业链价值分析的思路如图2-2所示。

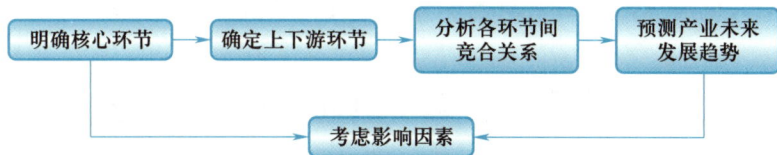

图2-2　产业链价值分析的思路

（1）明确该产业链中的核心环节。产业链是由各个组成部分构成的有机整体，产业链上各个环节的角色重要性存在差异，例如，汽车制造商是汽车产业链上的一个关键环节，形成产业链的内核。只有正确地确定产业链上的核心环节，邀请核心环节中的核心企业和知名企业参展，才能吸引那些上游、下游环节中为核心环节提供支撑服务的企业。

（2）确定核心环节的上下游环节。例如，汽车产业链以汽车制造业为核心，该环节的上游涉及钢铁、机械、橡胶、石化、电子等行业；下游涉及保险、金融、销售、维修、物流等行业。在汽车博览会筹备阶段，可以将汽车制造商作为参展商主体，沿着产业链条，采用由点到线的方式邀请相关行业的参展商和专业观众参展。

（3）明确产业链各环节之间的竞合关系。产业链上的各环节相互制约、相互依存，上下游之间的信息交流及数据交换频繁，实时性要求高。汽车制造业能够带动钢铁、电子、化工、相关科研、销售、维修与汽车装饰、燃料等行业的发展，而这些行业的发展又为汽车制造业的发展提供了坚实基础。但同类企业之间存在着激烈的竞争。如汽车制造商分为不同的档次和不同的品牌，在大市场中彼此竞争与合作。只有清楚地了解产业链各环节之间的竞合关系，才能在会展项目中提供配对服务，举办不同类型的专题会议等活动，真正满足参展商和专业观众的需求。

（4）预测和关注该产业的未来发展趋势。产业链条不是一成不变的，随着经济与技术的不断进步，产业链也在扩展。例如，新能源汽车、智能汽车的出现使得传统的汽车产业链得以扩展。在会展策划领域，预测和关注该产业的发展趋势，在会展项目上展出与该产业发展相关的新技术、新产品则会大大增强会展项目的吸引力。

（5）考虑影响产业链各环节运作的因素。整个产业链及其各环节的正常运作受内外部因素的综合影响。内部因素包括企业的科研水平、资金实力、行业口碑等；外部因素包括国家政策、科技环境、自然环境等。例如，国家环保政策的引导、科技的进步以及人们环保意识的增强，促使汽车制造业不断转型升级，朝着低碳环保、智能化的方向发展，一些污染严重的老旧车型注定会被淘汰，那么举办汽车博览会时，则要谨慎考虑是否还以汽车制造商为主体。

二、会展主题创意

创新是一个企业生存和发展的灵魂，这对会展行业来说也是一样。有创意、创新的展览会才能吸引关注，提升会展项目影响力。在会展创新中，主题创新尤为重要。主题决定了整个会展项目的基调，影响会展项目的宣传、销售等方面。会展主题创新不仅可以提升会展项目对参展商、观众的吸引力，更可以促进产业之间的交流与碰撞，从而推动社会的发展。

（一）会展主题创意概述

创意指的是创造出新的观念或境界，也可以是有创造性的想法或构思。把有创造性的想法、构思转化为有价值的商品，是经济学关注的内容。现代经济学认为，有价值的创意是推动技术创新乃至制度创新的源泉之一。会展业的创新主要包括会展主题、会展服务和会展科技创新三个方面，其中会展主题创新中的会展主题创意是主要驱动力量。主题奠定会展活动的基调，俗话说"题好一半文"，一个好的会展主题对会展活动的成功举办起着重要作用。

1. 会展主题创意的作用

（1）展现行业热点。会展主题创意可以反映行业当前的热点话题，这其实对行业热点来说是很好的展示和宣传机会。借助会展项目主题，可以进一步扩大热点的讨论度和影响力，使更多的人了解当前行业动态趋势。

（2）树立会展项目品牌。会展主题创新有利于激发观众参展热情，增加参展人数，提高会展项目整体知名度，助力会展项目宣传，从而进一步树立会展项目品牌。会展活动虽然具有暂时性，但并不代表它的影响力也是短暂的，相反许多出色的会展主题会给大家留下深刻的印象。这在一定程度上也为塑造会展品牌形象起到了良好的作用。

知识链接

（3）赋予会展项目意义。创新会展主题有时甚至可以开辟一个新的会展领域，带动相关产业发展，为会展行业提供新鲜血液。尤其是对于办展时间较长的会展项目，一次主题创新往往就可以赋予会展项目全新的意义，创造新的办展思路，使会展活动不断地自我突破。

创意产业

2. 会展主题创意的来源

会展主题创意是根据创立展览会项目的需要而展开的创造性思维活动，是人们运用智慧，把新奇的想法或构思转化为有价值的会展经济活动的过程。会展主题创意不仅指提出一个具有创意的会展主题，还要结合现实考虑，将奇思妙想转化为现实，创意构思时要考虑会展项目主题与题材的适配性。

会展主题创意的来源主要可以分为会展活动价值点、品牌诉求点、行业热点以及主办方的关注点这四个方面。

（1）会展活动价值点。会展项目主题的创意策划来源于市场价值。参展商想通过参展为新产品的上市创造条件，会展活动的价值点就在于为产品创造卖点，并依托卖点形成会展主题。

（2）品牌诉求点。会展活动可以帮助一个企业或地区树立良好的品牌形象，基于当地品牌形象塑造需求、进行会展主题创意选择是一种行之有效的方法。

（3）行业热点。随着时代的发展，每个行业都会在发展中出现新的热点话题。聚焦于行业热点进行会展主题创意，可以吸引行业内的众多群体，有利于聚焦热点进行二次传播。例如，通信数码行业将5G作为会展主题。

（4）主办方的关注点。主办方决策者常基于自己的优势领域和关注点进行策划创意，很多方案的主题源自主办方所擅长的领域和产业，这有助于构建独特的竞争优势。

（二）会展主题创意阶段

会展主题创意主要可以分为主题收集、归纳和论证三个阶段。

1. 主题收集

全体策划组成员一起围绕会展项目题材，结合时代流行趋势通过头脑风暴收集创意主题。在此阶段，可以不必考虑主题是否可以实施，主要考虑主题能否体现会展项目特色，以及是否具有创新性和独特性。

2. 主题归纳

通过头脑风暴收集会展主题之后，可以将其进行归纳分类，尽可能地合并类似的主题，通过结构化分析确定会展主题的类型，同时查漏补缺发现之前未考虑到的内容。

3. 主题论证

主题论证是将创意想法转变为现实的关键，可以咨询业内的资深人士的意见，也可以进行深度研讨，确定创意主题的可行性。

（三）会展主题创意思路

1. 传达精神理念

这类会展主题口号更倾向于传递一种全新的理念或想法，通过引导观众深度体验实现理念认同。会展主题所传达的有些理念是基于社会现状，有些是基

于产业发展趋势，也有一些是基于企业文化等。例如，2018年云栖大会的主题"驱动数字中国"，就是对数字中国理念的一种传达。

2. 宣传特色优势

这类会展主题通过挖掘市场定位，简洁、有力地传达品牌优势，通过持续输出优质产品和服务，牢牢抓住消费者的需求，让消费者可以在有需要的时候瞬间想起。例如，青岛啤酒节的主题"青岛啤酒，喝出最原始的感觉"等。

案例分析

工程机械展
主题

3. 营造场景氛围

这类主题通过营造场景拉近与消费者的距离，以情感共鸣的方式更巧妙地赢得消费者的好感。例如，宜家的"生活，从家开始"，碧桂园的"给你一个五星级的家"，华润集团的"与您携手，改变生活"等，

案例分析

乌镇戏剧节的
主题

4. 满足社会需求

在策划会展主题时要围绕政府规划或政策意图。政府扶持发展的新兴产业往往是会展行业主题策划的热门内容。同时还要顺应社会消费潮流，淘宝造物节往往紧扣时尚热点。造物节在创办之初就是为了展示年轻人的创造力，展现具有创意的各类商品，因此每一届主题都紧紧抓住"造"这个字，大开脑洞。比如从"造物者"到"造唤新生"都是创造力的体现。淘宝造物节的主题内容都具有互动性元素，比如主题"遗失的宝藏"就是将会展项目现场打造成大型密室逃脱，邀请观众分红蓝两队一起寻找遗失的宝藏，寻找宝藏的过程也正是观众的观展活动。此外，会展项目的主题还可以从满足新行业需求的角度出发。高新科技带动新产业的发展，可以产生很多新的主题。例如，新能源产业孕育了太阳能、光伏、风能等新主题的专业展览会，新能源汽车也成为汽车展中的细分展览会。

案例分析

淘宝造物节

第四节　会展项目可行性研究

可行性研究广泛运用于投资决策、工农业生产管理、科学实验、新产品开发、产业规划等领域。会展项目可行性研究作为一种投资决策的系统化分析方法，是在会展项目投资决策前，

通过对经济、社会、技术等条件的综合分析研究形成多种可能的操作方案，并对这些方案进行比较论证，说明各个方案的优势和劣势，对解决会展项目是否需发展以及如何发展的问题为投资方提供决策依据。

一、可行性研究概述

（一）可行性研究的作用

会展项目可行性研究的作用主要包括如下三个方面：

一是会展项目投资决策的依据。会展项目是否可行，投资效益多大，均取决于社会、经济、技术等多种环境因素。会展项目可行性研究在提供研究结果的同时提出多个方案进行比较，为规避盲目投资风险，正确判断会展项目为投资指明方向，是会展项目投资决策的主要依据。

二是会展项目策划的依据。会展项目可行性研究和策划方案编制紧密联系，可行性研究是会展项目策划的重要依据。会展项目策划要严格按照标准的可行性研究报告进行，不得随意改变可行性研究报告中已确定的规模、方案标准及投资额等控制性指标。

三是会展项目实施的依据。会展项目的实施凭借可行性研究结果展开，经过可行性研究的会展项目，被认定是技术可行、条件可达、经济合理的，可能被列入政府或企业的投资计划并配置各种资源确保其实施。

（二）可行性研究的内容

会展项目可行性研究主要包括会展项目的背景分析、市场分析、建设条件分析、效益分析、风险分析、实施建议六大部分。

1. 背景分析

会展项目背景分析包括三个内容：一是可行性研究的范围，包括项目大小、类别、地域等；二是项目的立项意义和必要性；三是宏观环境背景分析，包括区域经济环境、政治安全环境、社会对会展的关注程度等。其中，经济环境分析的重点是经济结构、经济水平、经济体制、经济政策等，特别是会展项目举办地的产业结构分析、经济规模与经济发展速度等。政治安全环境分析是根据政治安全环境对会展项目影响的直接性、不可预测性和不可抗拒性，研究近期世界性和局部密切相关的重大政治安全事件对会展项目的有利或不利影响。政府和社会对会展项目的关注程度是重点分析公益性会展项目的社会反响、公益性项目涉及的社会领域以及未来潜在公益性会展的发展方向等，以公益性会展带动会展项目的市场化发展。

2. 市场分析

会展项目的市场分析包括市场环境、竞争环境、举办地的条件分析、自身因素的分析等。其中，市场环境分析包括市场化规模的调研分析、市场前景的预判、市场进入壁垒等；竞争环境分析包括同类竞争和别类竞争分析，现实竞争和隐性竞争分析等；举办地的条件分析主要包括区域经济水平和产业体系分析、基础设施和社会服务系统分析、会展中心的规模和服务水平分析等。自身因素分析主要包括项目管理团队、项目财务约束条件、既往主办的同类项目情况经验分析等。

3. 建设条件分析

会展项目建设条件分析，包括资源分析，如原材料、人力资源等财务分析及资金筹措、项目进度安排、经济社会效益分析等。可用资源包括预期参展商确定的展览地点及规模、战略合作伙伴、项目组织、时间及团队成员、媒体营销渠道等，财务分析包括预算估计、预期利润及收益、资金筹措计划、投资使用计划等。项目实施进度包括分项目实施的各阶段、进度表和阶段费用分配等。

4. 效益分析

效益分析通常是主办方和投资方最关注的内容，主要分析该会展项目实施后可能产生的经济、社会和生态效益。比如会展项目的实施能够为举办地带来的直接经济收入，该项目是否推动行业发展，是否使举办地的基础设施得到改善，是否使当地的就业机会有所增加，是否提高了当地居民的文化素质等。

5. 风险分析

会展项目作为一种临时性活动须在可行性研究中尽可能多地考虑其风险问题，保证其实施安全，获得应有的效益。在进行风险识别时，要采取科学的风险识别技术，包括历史信息研究技术、检查点列表，事后审查技术、项目模板、头脑风暴等。在风险评估过程中要分析可能存在的风险特点、风险发生的可能性、风险造成的后果以及降低筛选风险的方式方法、成本和后果等。

6. 实施建议

该环节主要是对会展项目实施过程中比较重要的工作和须注意的事项提出合理建议或进行特别说明，以保证项目的顺利完成。

（三）可行性研究的步骤

1. 资料收集与分析

会展企业在了解会展意图和要求的基础上，需查阅会展项目举办地的经济、社会和自然环境等情况的资料，拟定调查研究提纲和计划，由项目负责人组织专业人员赴现场进行实地调查和专题抽样调查，收集整理技术经济资料。

2. 方案设计比选

根据项目建议书，结合市场和资源的调查，在搜集整理一定的设计基础资料和技术经济数据的基础上，提出若干可供选择的方案，进行比较和评价，从中选择或推荐最佳方案。

3. 经济分析和评价

按照项目经济评价方法要求，对推荐方案进行详细的财务分析和经济分析，计算相应的评价指标。在经济分析和评价中，还要进行不确定性分析。

4. 撰写报告

在对会展项目方案进行技术经济论证和评价后，组织编写详尽的项目可行性研究报告，在报告中可推荐一个或几个可行的方案，也可提出项目不可行的结论意见或改进建议。

5. 资金筹措计划

会展项目资金筹措计划是进行财务、经济分析的基本条件，应对项目资金来源的不同方案进行比较分析，并对拟运行项目的实施计划做出决定。

二、可行性调研

要确保可行性调研的准确、可靠和可行，必须进行实地调研，收集一手资料。

（一）调研内容

对会展可行性调研须了解以下四个方面的信息，即环境情况、行业情况、重点企业情况、活动参与者情况。

1. 环境情况

环境情况包括会展题材所属行业的环境，包括政策环境、经济环境、社会文化环境、技术环境、自然环境等内容。比如策划美容博览会，要提前了解美容行业的相关政策、美容行业的相关规制、人们对美容的态度、人们的消费能力、应用于美容行业和产品的技术能力等信息。

2. 行业情况

行业情况主要指相关行业的行业规模、产业链情况、交易结构、市场结构、市场行为和市场绩效等。例如，在策划美容博览会时，需了解美容行业的整体规模、行业的市场化程度、产业集中度和集聚区情况、美容产业链的全景图、美容行业的产业政策和产业转移情况、美容行业上下游企业的交易方式和市场行为、美容行业企业的营利能力等信息。

3. 重点企业情况

对重点企业情况的调研包括走访行业内的一些龙头企业和重点企业，了解这些企业最迫切的需求点，了解其参展意愿或者观展意愿。在策划美容博览会时，要很精准地了解美容产业链中哪些是参展商、哪些是专业观众，以及参展企业的精准需求和专业观众的精准诉求，此外，要了解参展企业和专业观众的最迫切的参与动机。

4. 活动参与者情况

对活动参与者情况的调研指除参展商和观众之外的会展活动参与者，一般包括政府部门、行业协会、行业联盟、产业链延伸环节、关联行业的组织等，要了解其参与活动的需求和意愿。例如，在策划美容博览会时，若要举办美容产业发展论坛、产业园区招商说明会、美容产品推介会、美容行业技能大赛等活动，则要了解活动参与者的需求，只有充分考虑参与者的需求并设计满足需求的活动，才能很好地调动各方参与者的积极性，让活动办得有声有色。

（二）调研流程

调研分为三个阶段，即准备阶段、正式调研阶段和结果处理阶段。

1. 准备阶段

准备阶段的工作主要包括设计调研方案、成立调研小组、确定调查方法、时序及费用安排等内容。调研方案的具体内容主要包括调研目的与要求、调研对象、调研内容、调研地点和调研范围、调研提纲、调研时间、资料来源、抽样方案以及调研报告。

成立调研小组需选择并设置调研活动负责人并进行人员分工安排，首先应明确调研活动是委托给专门的市场调研机构来进行，还是由主办方自己开展。调研活动的决策者、管理者以及调研人员的素质会影响整个调研方案的设计，因而调研人员须具备基本的统计学、市场学、经济学、会计财务方面的知识，同时还须具备较好的沟通能力、敏锐的观察能力、丰富的想象力、创造力以及应变能力等。如果主办方将市场调研委托给外部调研机构，就要重点考察调研机构能否对调研问题进行符合目标的理解和解释，调研人员的构成情况，核心成员的资历、经验、任务分工等。调研应根据调研的目的与要求，从众多的市场调研方法中选择最适合的方法。例如，如果主办方选择问卷法，首先要精心设计科学准确的调查问卷，其次要得到调研对象的配合，才能够高效收集资料和信息。调研时序安排主要包括调研活动的时间安排、活动次数安排以及报告成果的完成和交接时间。费用预算包括调研活动的费用预算与费用计划等。

2. 正式调研阶段

正式调研阶段主要是基于事先确定的样本收集与调研目标相关的信息和数据。在调研过程中，信息的收集通常是耗时最长、花费最大的环节，且关系到整个调研效果、准确程度以及误差大小。

首先要确定调研样本对象，从定性和定量两个方面来确定样本量。在确定样本量时，要考虑调研的目的、性质和精度要求，同时要结合可操作性以及经费承受能力等情况。在选取样本时，应注意样本选取的范围不能过大，样本量要适中，样本应当具有代表性，样本的结构比例要合理。

数据资料是调研中最核心的部分，包括直接数据和间接数据。其中，直接数据指为某项研究专门收集的数据，通过问卷调研、拜访重点企业和活动参与者得来的数据便属于此类。在进行深度访谈前先罗列重点企业和关键参与者的名录，然后对其背景进行简单了解，之后进行逐一拜访，以了解其对会展项目的期待和参与意愿等。间接数据指调研之前已经记录下来的数据资料，可以从企业内部的经营记录资料中得到，如会议纪要、销售数据、客户信息等。此外，了解环境情况和行业情况的信息渠道包括：（1）查阅政府部门网站；（2）查阅行业发展报告；（3）查阅统计年鉴；（4）寻访行业内的资深人士；（5）走访行业性平台；（6）拜访行业协会；（7）拜访行业联盟。

3. 结果处理阶段

在这一阶段要对调研所获得的各种信息资料进行分类、汇总、编辑、统计与分析，同时，删除那些由于调研方式或者调查者自身的原因造成的无效信息。最后将整理分析所得的调研结果用于会展活动的价值分析和内容设计。

在整理调研结果时要回答以下 8 个问题：（1）谁是会展活动客户？（谁会付钱给你？）（2）会展活动可以给客户带来哪些好处？（销售的产品有什么价值？）（3）如何让客户掏钱参

加会展活动?（采用什么方式进行营销？）（4）如何将会展活动的信息及服务推送给客户？（采用什么销售渠道？）（5）采用哪些方法实现以上意图？（工作目标和工作措施是什么？）（6）实现以上意图应具备哪些必要条件？（需利用或整合什么资源？）（7）谁能帮得到你？（有没有可以借助的合作伙伴？）（8）需花费多少成本才可以赚到应有的利润？（投入产出是否划算？）寻求以上这8个问题的答案就是会展可行性调研的目的。在整理调研结果时，如果还不能很好地回答这些问题，就需进行补充调研。

在整理调研结果时要注意：（1）清晰定位会展活动的参与方及价值主张；（2）准确提炼和聚集经营会展活动的关键资源；（3）知晓会展活动的运营方式和营利模式。

（三）可行性报告编制

调研人员应当将调研结果用文字、图表的形式编写成简明扼要的可行性研究报告。报告是可行性研究结果的最终体现形式，它可以为活动主办单位有关部门的决策提供较为科学、规范的书面依据。报告的撰写应当符合完整性、准确性和可行性三个方面的要求。编制调研报告应以使用者的需求为导向，体现使用者的价值诉求，并帮助他们减少决策中存在的不确定性，而不是用这些收集到的资料和结果对管理人员加以限制。报告的基本写作规范是观点正确、材料典型、中心明确、重点突出、结构合理。

对于可行性研究报告的编制内容，国家有一般的规定，如工业项目、技术改造项目、技术引进和设备进口项目、利用外资项目、新技术产品开发项目等都有相关的规定。然而对于会展项目的可行性研究报告，目前我国并没有统一规定。会展项目可行性研究报告可以参照其他类型项目的可行性研究报告的内容和体例，并根据具体会展项目特点来编写。

会展项目可行性研究报告篇章格式基本如下：

（1）总论（引言）：会展项目背景、主题等。

（2）会展项目目标和范围：主要目标、多项目标范围大小、举办意义等。

（3）宏观经济资料分析：全国性或区域性宏观经济社会资料、统计数据、增长业绩等分析。

（4）行业市场分析：供应、需求、销售渠道、目标群体、市场趋势、国内外竞争分析等。

（5）会展项目实施的可行性分析：会展地址、规模、合作、团队组织、营销手段、资源、时间与质量规划等。

（6）备选方案分析：确定若干备用方案，分析各自的优势与劣势，进行综合评估。

（7）效益分析：成本计算、销售额、利润与收益预测等（针对最优方案）。

（8）风险分析与评估：分析风险来源、性质、发生的项目阶段特征，评估风险的危害及其等级，提出风险规避方法。

（9）结论和建议。

一份好的可行性研究报告，除了资料翔实、观点正确、格式规范外，还须注意逻辑清晰，报告的内容应具有内在的逻辑性，包括叙述的逻辑、论证的逻辑或引用相关数据之间的逻辑。报告所采取的语言必须是书面语言，力求言简意赅，要避免口语式的语言或新闻式的语言。在表达中应避免"空话""套话"，语言风格要简朴明了。报告中所涉及的概念、专业术语要符合标准，切勿随意"自创"或使用不规范的表达。在报告中，凡可利用图表反映的内容应尽量采用图表形式，以求直观简明。

知识链接

会展可行性报告

基于报告的会议展示需求，可以将报告内容编排、转化为 PPT。在制作 PPT 时，可将报告内容进行浓缩，突出最重要的内容，还可适当配置与报告内容有关的图片。

三、项目财务预算

会展项目财务预算是从主办方的角度出发，分析测算举办该会展活动的费用支出和收益。其意义在于通过计算投入产出，从经济的角度尤其是从投资回报的角度，进一步审视会展项目实施后可能产生的经营风险；通过分析收入来源和测算收入金额，为新组建的项目团队开拓市场及考核业绩规划管理目标；同时，通过细化成本、测算开支，厘清项目财务管理的思路与重点。

（一）会展项目财务预算的作用

会展项目财务预算是项目组织者为实现既定的财务目标，根据项目开展进度和任务的要求编制的财务计划。财务预算是会展项目财务决策的具体化，是控制整个会展项目资金运作的重要依据。制定财务预算有利于控制项目的各项收支，有利于项目资源得到充分利用，从而获得良好的经济效益[1]。

会展项目财务预算主要有以下作用：

（1）明确各部门的工作目标。会展项目组织者为实现会展项目的总目标，制定了各种切实

1　胡芬 . 会展项目管理 [M]. 武汉：武汉大学出版社，2014.

可行的工作计划，并通过编制财务预算，将企业的总目标分解到各相关部门，使各部门明确自己在业务量、成本、收入等方面应达到的水平，并据以安排和控制自己的经济活动。

（2）控制各部门的经济活动。会展项目组织者在实际经济活动中难免会偏离项目的总目标，要使各部门的工作符合会展项目总目标的要求，就要对各部门的经济活动进行分析与控制，而分析与控制依据就是全面预算。预算能将项目各部门的经济控制在一定的范围内，从而指导各部门活动。

（3）考核部门和项目组成员的工作业绩。通过对会展项目各部门和项目组成员的工作考核，看其费用是否控制在预算的范围内，可以评价其工作业绩，并找出差距，为之后的会展项目积累经验。会展项目成员各自负责部分的财务实施情况与财务预算的对比结果，可以作为绩效考核的一个标准。

（二）会展项目财务预算的内容

1. 财务预算编制依据

会展项目财务预算编制要结合项目的特点来选择不同的参考依据，通常包括下列三个因素：

（1）市场判断和预测。市场判断和预测主要是针对会展项目的规模、市场的前景、行业背景等外界的经济要素来进行预测，从而形成对预算编制的依据。这种预算编制受市场经济因素影响较大，因此预算的准确性和风险性相对较高。

（2）相同的或类似的历史项目。以前已经实施的项目在费用支出与收入方面的可信度是非常高的。新项目在预算时可参考过去的项目，结合新项目的特点，寻找两个项目的共同点，可以借鉴之前的一些财务数据。

（3）项目类型及资金使用特点。项目的规模、特殊环节以及项目筹资都会对项目预算产生影响。筹资所得的是自有资金还是外部资金对项目预算的成本方面是有不同影响的。

2. 财务预算的内容

会展项目的财务预算包括收入预算和支出预算。

（1）会展项目的收入预算主要从主营业务收入、政府资助收入、资源开发收入三方面进行。一般情况下，市场化运作的商业会展项目多以主营业务收入和资源开发收入为主，政府机构主办或支持的项目多以政府资助收入和资源开发收入为主。会展项目涵盖范围广泛，不同的项目类型，其主营业务收入的来源不同。例如，会议项目的主营业务是召开会议，其主营业务收入的来源是会务费，即与会者向会议主办者交纳的参加会议的费用。又如，展览项目的主营业务是展位的出租，其主营业务的收入来源是展位费，即参展企业或组织租用展位的租金。主营业务收入是商业会展项目最主要的收入来源，编制这部分收入预算时，应充分考虑市场因素对价格的影响，以保证预算的准确性和可靠性。对于政府机构主办的或者政府大力支持的会展项目，政府相关部门会给予一定的拨款，以保证项目的顺利运营。这部分收入是政府的财政支出项目，数额一般是固定的，其预算过程比较简单，预算结果出现偏差的可能性不大。资源开发收入指除了主营业务收入外，会展项目的各项有形资源或无形资源为参与者提供其他服务所获得的收入，主要包括门票收入、入场费、广告赞助收入、其他服务收入、利息收入等。

（2）会展项目的支出预算主要包括场馆费用、设计施工费用、展品运输费用、宣传公关费用、行政后勤费用等方面。成熟的会展项目的支出预算可以在历史数据的基础上进行，预算的准确度相对较高。对新的会展项目则要根据市场调查或者同类项目的市场数据进行预测，需要更多的假设和主观判断，其准确度相对较低。会展费用通常分为五大类，根据不同的特点和标准可提出分配预算比例和备用比例，具体内容见表2-1。

表2-1　会展费用分类

类别	用途	占总预算比例
场馆费用	场馆费用指租借会场和展馆、展场的费用；根据会议规模来确定场地的大小、多少，会场越大、越多，费用越高；根据实际需要的展位面积预算费用。	30%~40%
设计施工费用	包括设计、施工、场地租赁、展架制作及搭建和拆除、展具制作和租用、电源连接及用电、电气设备租用及安装、展品布置、文图设计制作及安装等。	10%~20%
展品运输费用	包括展品的制作或购买、包装、运输、装卸、仓储、保险等，这部分开支因距离远近、展品多少而有所不同。	10%~20%
宣传公关费用	包括宣传、新闻、广告、公共关系、联络、编印资料、录像等，这部分开支收缩性大，有些展出者在宣传、广告、公关资料等方面有专门的预算，展览宣传等工作是整体宣传工作的一部分，在这种情况下这类开支项目可列为间接开支费用。	10%~30%

续表

类别	用途	占总预算比例
行政后勤费用	正式筹备人员和站台人员的工资是展出者的经常性开支，虽然不从展览预算中开支，但是从管理角度看，为了计算展览工作的效率和效益，必须计算人员开支。 行政后勤的直接开支费用主要有人员的交通、膳食、住宿、长期职工的补贴、人员培训、人员制服、临时雇员等方面的开支。	10%~20%

3. 会展项目财务预算的程序

（1）明确预算目标。项目预算首先要以项目的整体目标为前提，在整体目标的指导下，考虑项目的财务目标。项目是以利润最大化为目标还是只有宣传作用，这对项目预算都是有影响的。在财务预算中，各销售目标、成本目标以及费用目标都是项目预算确定目标的前提。

（2）相关资料搜集。预算编制程序是在有限的信息和假设的基础上展开的，信息的正确性和假设的合理性需在项目的运营过程中加以检验，信息的偏差会导致预算偏离项目的财务目标。偏离的幅度过大会导致预算失去意义，应根据实际情况及时获取内部历史信息和外部市场信息，所掌握的信息越多，预算的准确度就越高，在信息搜集过程中要注意搜集过去的预算数据、会展所需商品的新价格以及市场经济的运行状况。

（3）各部门预算。会展项目组织各部门编制各项业务预算，如销售预算成本，费用预算，材料、低值易耗品采购预算，直接人工预算等，这些都是编制财务预算的重要依据。项目预算是在各部门预算的基础上对项目整体的调整与把握。

（4）编制财务预算。预算的制定按照收入和支出项目设置相应的会计科目，并为每个会计科目编号，然后在设定的框架和条件下，预测各个科目的金额。最终预算要通过预算损益表和资产负债表来整体展现预算的成果。在财务预算报表中各个报表是环环相扣、紧密相连的，由此共同形成一个统一的整体。

知识链接

会展盈亏平衡预测

本章思考题

1. 谈一谈你对会展的认识。

2. 会展交流的功能主要体现在哪些方面？

3. 会展策划包括哪些要素？

4. 会展策划的整合逻辑主要是整合哪些资源？

5. 会展策划包括哪些具体步骤？

即测即评

第三章　会展同期活动策划

本章思维导图

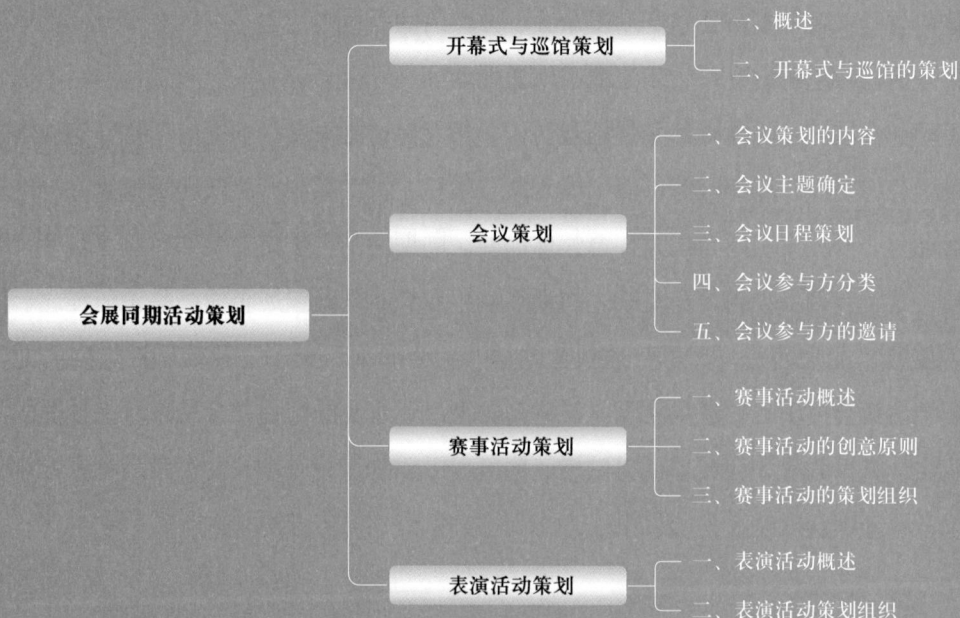

```
                                    ┌─ 开幕式与巡馆策划 ──┬─ 一、概述
                                    │                      └─ 二、开幕式与巡馆的策划
                                    │
                                    │                      ┌─ 一、会议策划的内容
                                    │                      ├─ 二、会议主题确定
                                    ├─ 会议策划 ───────────┼─ 三、会议日程策划
                                    │                      ├─ 四、会议参与方分类
会展同期活动策划 ───────────────────┤                      └─ 五、会议参与方的邀请
                                    │
                                    │                      ┌─ 一、赛事活动概述
                                    ├─ 赛事活动策划 ───────┼─ 二、赛事活动的创意原则
                                    │                      └─ 三、赛事活动的策划组织
                                    │
                                    └─ 表演活动策划 ───────┬─ 一、表演活动概述
                                                           └─ 二、表演活动策划组织
```

关键词

会展同期活动　会展开幕式与巡馆策划　会议论坛策划　赛事活动策划
表演活动策划

学习目标

1.了解不同类型会展同期活动的特点；

2.熟悉会议策划的流程步骤；

3.掌握会展开幕式与巡馆策划方法；

4.应用创意思维进行赛事活动和表演活动策划。

举办会展同期活动能使会展项目的影响力和知名度得以提高，满足参展企业与专业观众达成交易、获得信息等多种需求。会展同期活动的形式主要有会议、节庆、赛事、演艺等，其呈现方式多种多样，主要可以分为以下五类：

（1）礼宾活动：开幕式、闭幕式、招待酒会、领导会见等；

（2）会议活动：学术讲座、研讨会、行业交流会等；

（3）贸易活动：贸易洽谈、项目签约、项目介绍等；

（4）宣传活动：新闻发布会、产品发布会、评奖活动等；

（5）娱乐活动：主题比赛、文艺汇演、旅游活动等。

同期活动和会展项目的展览部分是相互协调、相互促进的关系。同期活动可以实现丰富主题内容、吸引目标受众、增加服务价值、提升服务体验、扩大影响、活跃现场气氛等功能。在策划同期活动时，要注意主题与形式符合整体需要。同期活动需依据会展项目整体目标，与主题内容保持一致，有助于吸引目标受众。同期活动主要针对认同参展企业产品价值理念、愿意参与活动的受众。通常而言，针对普通观众的消费类会展项目大多需要娱乐性较强的配套互动，这有利于渲染会展项目的现场氛围。针对商务型专业观众的贸易类会展项目往往追求同期活动的专业性，其目的是为会展项目提供增值服务。活动的最终原则是要通过活动来提高会展项目的效果，不能哗众取宠，为了吸引注意力而举办世俗、媚俗的活动。

第一节　开幕式与巡馆策划

开幕式是标志开启会展项目的仪式，又称为开幕典礼。在开幕式开始前或者结束后一般会有巡馆活动，有的会展项目将巡馆活动作为开幕式的一部分，也有的商业类会展项目为了简化仪式直接以巡馆活动代替开幕式，使与会客商直奔主题。巡馆活动包括领导巡馆与重点买家巡馆。

一、概述

1. 开幕式与巡馆的作用

（1）提振士气。参与会展项目开幕式的相关领导、参展参会企业代表多、人员集中，营造开幕式积极、热烈的气氛不仅活跃了会展项目现场的气氛，而且有利于激发参展参会人员的积极、奋进的情绪，促进彼此之间的交流沟通。

（2）宣传推广。对于开幕式，往往会邀请政府相关部门的领导、业界知名人士、媒体记者等人物出席。这些人物的社会知名度高、影响力大，有一定的话语权，他们的出席能够起到增加会展项目的吸引力、提升社会知名度、树立主办单位社会形象等作用。同时，开幕式现场的环境布置可以作为一个重要的营销渠道。比如播放企业宣传片、摆放广告牌等。参展企业可以充分利用开幕式和巡馆这类同期活动，为企业进行"冠名"宣传。

2. 开幕式与巡馆的特点

（1）重规格，指邀请的开幕式的嘉宾应具有相应的社会地位，以展示会展项目的重要性。

（2）重形式，指开幕式议程须符合仪式性要求。开幕式议程一般包括主持人介绍出席嘉宾、嘉宾致辞、嘉宾开幕剪彩、嘉宾宣布开幕、巡馆等环节。

（3）重场面，指开幕式与巡馆活动的氛围营造十分重要。其中，既包括典礼台、背景板的搭建，剪彩的方式，烘托现场气氛的文艺表演，安全警戒等开幕式现场的布置，也包括现场观众的组织。

二、开幕式与巡馆的策划

1. 开幕式与巡馆策划要点

开幕式要有仪式感和礼仪性，在策划时要注意场地布置、气氛营造、启动仪式、巡馆路线四方面。

（1）场地布置，主要指的是典礼台的搭建和背景板的制作。在设计上通常强调大气、庄重或热烈。

（2）气氛营造，指拱门搭建、气球标语、乐队演奏或鼓乐表演、烟花燃放以及组织观众观看等，用以烘托开幕式活动的热烈气氛。

（3）启动仪式。传统的启动仪式往往是由特邀嘉宾剪断彩带以示开幕，现今多采用电子大屏幕视频播放及启动球等创意方式。例如，中国—东盟博览会上嘉宾在典礼台上共同拉开系在画卷上的红绸，一幅描绘中国与东盟合作成果和前景的电子图画徐徐展现，瞬间就吸引了全场的目光。

（4）巡馆路线。巡馆路线一般应包括重点参展企业，如行业内龙头企业、大型知名企业、特色企业。时间一般控制在1个小时以内。

专业观众往往是带着特定的目的来参会的，对巡馆路线的策划需精准高效，能够让买家尽快地获取想要的产品，要根据重点买家的需求，结合参展商的分布来设计合理的路线。为重点买家对接参展供应商，促成商业合作、交易达成。

知识链接

在线巡馆

2. 开幕式与巡馆策划内容

开幕式与巡馆策划内容主要包括：（1）确定开幕式的时间和地点，通常是上午9点或10点，地点在参观者进入展馆正门的室外广场，或者展馆内序厅；（2）确定参加对象和范围，主要有嘉宾和观众；（3）确定开幕式的形式；（4）确定开幕式议程；（5）编制开幕式预算；（6）商定出席开幕式的嘉宾，包括为致辞嘉宾代拟文稿；（7）确定承接开幕式场地搭建工程的专业机构，并与其签署协议；（8）组成临时工作团队，按照开幕式组织工作分配岗位。

3. 开幕式和巡馆的重点工作

（1）邀请嘉宾，嘉宾范围一般包括政府部门负责人；会展活动承办单位、协办单位、赞助单位的领导或代表；东道主以及与会展活动有关的机关、企事业单位领导或代表；有关国家、地区、组织的代表（如某国家的使节、领事、参赞等）；群众代表；有关新闻单位人员。根据会展礼仪或宣传需要，拟定出席嘉宾名单。通过电话、信函甚至登门拜访进行邀请。向接受邀请的嘉宾发送请柬。邀请高级别嘉宾的工作，须按规定程序提前进行（如邀请国家领导人，须按相关规定逐级请示）。对于外地或境外的嘉宾，要在对方接受邀请后落实接待安排。

（2）确定开幕式议程。一般包括主持人介绍出席嘉宾、主办方代表致辞、嘉宾代表致辞、参展商代表致辞、嘉宾宣布开幕、嘉宾剪彩或启动仪式等内容。议程设置可根据主办方的需要增加，如播放宣传视频短片；也可以简化，如只安排一位致辞嘉宾。在确定议程时，要确定主持人。

（3）对接服务商。对接搭建公司，提出典礼台及背景板的制作要求，审查设计效果图，督促按时搭建，监督工程质量。对接礼仪公司，确定开幕式气氛营造、礼宾接待事宜。

（4）准备致辞稿、主持稿、解说稿。开幕式致辞稿是对外宣布正式开幕的"宣言"，它对社会各界正确认识会展项目有重要的影响。为致辞的主办方代表或嘉宾代表代拟文稿，为主持人提供主持稿，以上内容在开幕式的组织工作中比较多见。巡馆活动中，根据巡馆路线，讲解员需提前准备好解说稿。

（5）把控服务嘉宾的引导环节。在开幕式活动中，引导嘉宾有两个重要环节：一个是嘉宾登临典礼台，另一个是开幕式结束时嘉宾巡馆。前者要导引嘉宾及时登台，并确保站位无误；后者要导引嘉宾分流参观，并引导高级别嘉宾参观需要推广的展区或展台。这两个环节的导引须事先计划，安排人手负责导引。巡馆活动需提前设计好巡馆路线，并多次演练。领导巡馆应由主办方负责人陪同。在陪同参观过程中需配备讲解员讲解，向嘉宾介绍本次展会以及引见知名参展商代表。主办方负责人应亲自送嘉宾离开展馆。对于重点买家巡馆，应请专人根据专业观众的需求为其对接相应的企业，以促成贸易合作。

4. 开幕式现场调度与服务

设置开幕式活动总调度（类似文艺演出的舞台总监），下设嘉宾接待、典礼音响、气氛营造、媒体接待等工作的负责人，根据开幕式组织工作表的安排，各司其职开展工作。开幕式组织工作表由总调度提前编制，并组织参与人员讨论细节，明确职责。对于高级别嘉宾出席的开幕式，须提前组织彩排。应请相关政府部门领导审看彩排，以确认相关工作流程，查找存在的问题。在彩排中要重点演练嘉宾到场、临时休息、登上典礼台、典礼台站位、开幕式结束后巡馆、离开展馆以及安保工作等。针对开幕式中易于突发的问题，如音响、电子屏幕、典礼台嘉宾站位、礼宾人员服务、天气变化、宣布开幕后观众涌入展馆等，须制定应急预案以确保各项工作按计划顺利进行。

案例分析

博览会开幕式
与巡馆

第二节　会议策划

会议策划是围绕会议活动的目标，在全面、深入分析会议信息的基础上，运用科学的策划方法，制定会议活动最佳方案的创造性思维活动的过程。作为会议活动整体策略的运筹规划，会议策划贯穿会议整个流程。

一、会议策划的内容

1. 明确会议目标

对于会议策划，首先要厘清要实现的目标，并分析会议的主办方所面临的总体形势、社会热点以及会议成员的期待等。策划者要对会议召开的时机进行客观、具体的分析，从而提出会议的总体目标，阐明会议召开的实际意义，效果以及必须遵循的指导思想。在会议的总体目标确定好之后，还要对会议的具体目标进行分析和确定。具体目标是根据总体目标所提出的要求，以进一步准确地描绘会议希望取得的结果。例如，"希望本次会议能取得这样的结果……"（见表3-1）。

表3-1　会议的目标

会议的总体目标	会议的具体目标
明确问题	本次会议的目标是要找出并讨论目前工作中遇到的关键问题
解决问题	本次会议的目标是大家一起寻找解决问题的办法
献计献策	本次会议的目标是大家对我们即将提供的新的服务项目提出有针对性的看法
收集信息	我们讨论的目标是客户对我们新的服务项目有什么意见
组织	我们需对此项目的进度表达成一致
决策	这次会议的目标是要决定这一事项
完成	这次会议的目标是对合同的修改达成一致意见并签署协议
筹划实施	这次会议的目标是定下方案并实施

在确定会议目标时要考虑与会者希望通过会议获得什么，本次会议最能吸引与会者参加的动因是什么？本次会议可以满足与会者什么样的兴趣或愿望？与会者参加会议要解决什么具体问题？他们面临什么难题？通过参加本次会议，他们最终能有什么收获？本次会议能够提供给他们什么样的解决办法？

2. 确定会议名称

会议名称即会议的正式称谓，是会议基本特征的信息标志。会议名称可以反映会议的主题、性质、范围等基本特征，由此区别于其他会议。从宣传角度讲，便于从听觉和视觉两种渠道对会议进行宣传报道，使人们了解会议和认识会议，以扩大会议的影响。基于会议名称制作美观、寓意深刻的会标并悬挂于会场内醒目之处，这样可增强会议的庄重气氛。在会议预案、会议通知、会议记录、会议决议等会议文件中经常要表现会议名称，以体现会议文件的严肃性和权威性，还有利于立卷归档和参考利用。会议文件是按会议名称立卷归档的，如无会议名称，就会给立卷归档以及今后的参考利用造成不必要的麻烦。

策划会议名称一般采用以下方法。

（1）反映会议主题特征。主题性会议的名称应反映会议的主题。会议主题范围划分并不要求一致，有的会议名称反映的主题比较具体，如"国际性金融危机防范对策学术研讨会"这一名称直接反映了会议主题是研讨如何防范国际性金融危机；有的会议主题则比较宽泛，如"纪念×××成立20周年座谈会"的这一会议名称只是反映了会议的内容范围，在这一内容范围内的议题都可以在会议上进行讨论。

（2）反映会议主办者特征。如"×××研究院知识创新试点工作咨询座谈会"，主办者就是×××研究院。

（3）反映会议功能特征。如"×××审批大会""××产品鉴定会""×××表彰大会""××总结交流会"，等等。

（4）反映与会者身份特征。如"×××公司第××次职工代表大会""××届×××公司职工代表大会第×会议"，这类会议名称说明与会者的身份是×××公司职工代表。

（5）反映会议出席范围特征。如"第四次世界妇女代表大会""×××国际学术研讨会""全国××工作会议"，等等。

（6）反映会议时间和届次特征。年度性会议和系列性会议必须反映时间和届次特征，如"2021年××市先进工作表彰大会"这一名称反映了年度特征；"第22届万国邮联大会""国务院第8次常务会议"反映届次特征。

（7）反映会议地点特征。地点特征往往反映会议的东道主，有时也间接反映主办者，如"上海国际贸易洽谈会""广州商品交易会"等。

（8）反映会议方式特征。如"××座谈会""××茶话会""×××电视电话会议"等。

会议名称所要反映的特征，应当根据会议的实际情况来确定。会议目的、要求不同，会议名称所反映特征各有侧重，如"第11次××市市长国际企业家咨询会议"这一名称就揭示了会议的主办者（××市市长）、与会者身份（企业家）、范围（国际）、届次（第11次）、会议的功能（咨询会议）等特征。又如"北京2000年第六届世界大城市首脑会议"这一名称就揭示了地点（北京）、时间（突出世纪之交）、届次（第六届）、出席范围（世界大城市）、与会者身份（大城市首脑）特征。

3. 确定会议主题和议题

会议主题是所有活动的核心，会议所包含的议题要紧紧围绕会议的主题进行。会议的议题是会议要讨论的具体内容，是根据会议的主题而确定的。会议的议题要务实并富有吸引力。一个会议只有一个主题，但可以有多个议题。会议的议题确定以后，可以就该议题向社会广泛征集会议论文以扩大会议的内涵和影响。好的会议主题往往是在广泛收集相关信息和深入分析后，从众多的项目中筛选而出的。

4. 确定会议对象和规模

（1）与会人员的确定。会议的主讲人员对会议的成功举办有着举足轻重的作用。在确定会议的主题和议题后，要邀请一些对该议题有深入研究的人士作为会议的主讲人，并及时向他们发出邀请。向会议主讲人发送的邀请函要明确会议的主题和该主讲人将分担的具体议题、会议日期和地点、演讲的时间安排和要求等，这样会更方便主讲人准备演讲材料。主讲人是会议的卖点之一，其名声、地位、水平等对人们是否参加会议有着重要的影响。因此，会议组织者应对主讲人选精心策划，尽量邀请高层次的会议发言人到会。在会议上的报告、讲话、演说、辩论、质询、答辩、交谈、表态等属于发言的具体形式。会议发言内容需围绕会议的主题、议题进行拟定，提前拟写嘉宾发言稿并审定。会议的听众也是会议的一个重要组成部分。会议方案要对会议的目标听众进行分析和预测，要确定听众的来源和范围、会议现场可以容纳的听众数量等。

（2）会议规模的设定。会议规模一方面指会议组织存在的时间，存在的时间越长，规模就越大；另一方面指会议占有的空间，包括动用的人和物的总和，动用的人员和物资越多，规模就越大。一般来说，决定会议规模的主要因素是动用的人员，其中又以参加会议的总人数为主要依据。策划会议的规模必须综合考虑以下三方面的因素。

第一，效果。会议的规模与会议的效果密切相关。有的会议保密性较强，必须严格控制与会人数和会务人员，以防会议内容的扩散。有的会议要求造声势，扩大影响，须达到一定的规模才能产生效果。当然，盲目追求规模，则会产生不良影响和效果。第二，效率。会议的规模直接制约会议的效率。换句话说，会议人数越少，会议所花的时间就越少，会议效率就越高；反之，会议人数越多，意见越不容易集中，会议时间也越长，效果就越低。因此，除了法定性会议和必须举行的大规模会议之外，要尽可能地控制与会人数。第三，场地。一般来说，规模决定场地，但由于场地的限制，规模必然受到相应的限制。因此，决定会议规模之前应当先考察场地条件。第四，成本。会议规模与会议成本二者构成正比关系，规模越大，动用的人力、物力、财力就越多，会议成本也就越高。在确定会议规模时，要做到量力而行。除了考虑会议的显性成本外，还要预算一下隐性成本。

5. 确定会议形式

会议的形式包括以下三方面内容。

（1）会场的座位格局。会场的座位格局也就是与会者座位的摆放形式，它同会议的目的、性质和会议的效果有着密切的关系。比如，座谈会应当将与会者的座位摆放成围坐式，以增加轻松和谐的气氛；报告会应当突出报告人的地位，须设主席台，座位格局应以上下对应式为宜。

（2）会议气氛的渲染手段。怎样运用宣传手段和会场布置营造会议的特定气氛以达到会议的目标，是会议形式的重要因素。不同的会议要根据会议的目标、性质采用不同的手段渲染气氛。有些特殊的会议，还要运用传播的手段给会议创造良好的社会氛围。

（3）会议的技术手段。利用现代技术手段是现代会议的主要特征。比如，利用电视、电话、计算机及其网络系统召开的远程会议，由于快捷方便，大大提高了会议的效率，降低了会议的成本，日益得到人们的青睐，成为现代会议方式的亮点。

6. 确定会议时间和地点

会议时间涉及会议召开的时间和会期长短两个方面。在策划时要注意以下五个原则。

（1）时机原则。会议的时间问题首先是一个准确把握会议召开时机的问题，具体包含三方面的含义：第一，解决问题的时机必须成熟。第二，时机成熟的会议应当及时召开。第三，选择合适的会议时间。

（2）时长需求原则。会期的长短要依据会议的实际需求来确定。一般要考虑这几个问题：会议的各项议程是否能够完成；会议的发言是否充分，与会者能否充分地表达意见；会议中是否会有临时动议提出，如果提出动议，大约要花多少时间进行讨论和表决；是否需留出一定的机动时间。

（3）成本和效率原则。会议时间的长短与会议的成本和效率密切相关，一般情况下，会议的时间越简短，成本越低，效率越高。因此，在满足需要原则的前提下，适当、合理地压缩会议的时间，是降低会议成本、提高会议效率的有效手段。

（4）协调原则。会议往往是领导人的主要活动形式，安排会议，特别要注意协调领导人参加会议的时间，以免相互冲突。如果是多边会议、联席会议，或者会议是共同主办的，还应当与其他方面协商举行会议的具体时间。

（5）合法合规原则。由法律法规以及组织章程或议事规则明确规定会期的，应当严格遵守，非特殊情况不得提前或推迟。

7. 确定会议议程

会议议程是会议实施计划的进度安排，对会议的进程进行总体调控和安排。会议议程是对会议所需通过的文件、需解决的问题的详略安排，并以序号排列清晰地表达出来。会议议程是为完成议题而做出的顺序计划，及会议所需讨论、解决的问题的大致安排，会议主持人要根据议程主持会议。会议议程通常由秘书拟定草稿，交领导批准后，在会前分发给所有与会者。会议议程是对会议内容的安排，通过会议日程具体地体现。会议议程的编制要科学合理，并适当安排中途休息时间。

会议议程一般由议题和围绕议题的相关活动组成，它反映的是每项议题及其相关活动在会议中的地位、次序以及相互之间的逻辑关系。法定性会议的议程安排应当符合相关的法律、法规和规则的要求。如联合国大会的每一项议程都有相应的规范要求。

一般来说，在策划会议项目时要先确定议题以及相应的活动，再考虑议程的顺序。议程顺序的安排要以会议的性质、议题和相关规则为依据。

8. 落实会议经费与赞助

召开会议往往需邀请一些国内外著名的专家、学者、著名企业领导人或者行业主管部门的人员，还要租用会议场地，进行适当的会议现场布置，这都需要一定的费用。对于会议所需要的各项费用，会议主办机构在召开会议前要做好预算，并安排必要的资金。针对会议所需经费主要有三种解决办法：第一，设立专门的会议筹备资金；第二，向与会人员收取一定的会务费用；第三，寻求企业赞助。不管经费以何种方式筹集，为确保会议成功，在会议召开前，都应该编制详细的会议预算，合理地安排会议的各项费用，如表3-2所示。

表3-2 会议预算表

	项目	金额	占总收入比例（%）
收入	赞助费		
	冠名权费		
	门票或参会费		
	广告收入		
	发言费		
	其他相关收入		
	总收入		

	项目	金额	占总收入比例（%）
成本费用	场地租金		
	会场设备及布置费用		
	宣传推广费		
	主讲人和嘉宾演讲及接待费		
	翻译费		
	各种资料费		
	办公和人员费		
	税收		
	其他不可预测的费用		
	总成本费用		
利润			

赞助是会议的一项重要资金来源。赞助有垄断性赞助、平摊性赞助和等级性赞助等几种形式。垄断性赞助是会议所需要的各种费用由某个赞助企业承担，平摊性赞助指所有与会企业都要对会议提供赞助，等级性赞助是将会议的各种赞助分等级，如主要赞助者、一般赞助者和有针对性的内定赞助者等。

如果会议办得出色，影响较大，很多企业就会愿意对会议进行赞助。如果会议接受企业赞助，就要考虑给予企业回报，回报可以有很多种形式，如转让会议的冠名权、允许企业在会议的某些特定地方做广告、允许赞助企业在会议期间做简短发言介绍自己的企业、可以让企业赞助会议现场使用设备、给予企业会议相关服务的行使权等。

9. 会议公关和宣传策划

会议公关、宣传策划的内容主要包括：活动名称；标语和宣传品；会议形象设计；危机处理预案；媒介策略。会议期间安排的一切公关活动，都要围绕会议目标和主题进行策划和设计，活动内容要紧扣大会主题，活动形式则要有创意、新颖。利用各种媒体，包括报纸、杂志、广播、电视、网络等对会议的组织和内容进行跟踪报道，在会议召开之前和之后召开新闻发布会，为新闻媒体准备统一的新闻宣传稿等。气氛渲染，利用会场的布置、会议口号和标志、会议筹备启动仪式、会前新闻发布会等营造和烘托会议的气氛。

二、会议主题的确定

会议策划者首先要调研分析市场和目标客户痛点，清楚为什么要举办这个会议，找到会议活动的价值点，并抓住行业内当前的热点话题、抓住风口，营造举办会议活动的紧迫感、必要性。清晰地定位会议活动，与其他同行业、同类型的会议进行对比，进行差异化、错位化竞争，见图3-1。

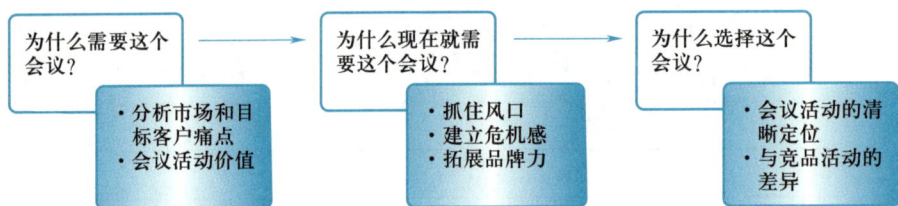

图3-1　会议内容策划

会议主题是会议目标的转化，是会议主要内容和实质问题的高度概括，会议的潜在参与者通过会议主题就可以了解会议的大体内容。会议中的各项活动安排都围绕会议主题进行，选好会议主题对会议的成功举办有着非常重要的作用。确定会议主题时要把握以下特点：

第一，前瞻性，指会议主题的设定要针对行业的发展现状和发展趋势，但可适度超前，对行业热点问题要看得远，看得更深，不能只局限于眼前情况；

第二，总结性，指会议主题要能高屋建瓴、能对行业发展有所总结，能体现行业发展的特点和趋势，不能脱离行业发展，泛泛而谈；

第三，时效性，指会议的主题要有的放矢，紧扣行业热点和难点问题，不能远离现实；

第四，接受性，指关注与会者需求，抓痛点。当前目标客户在关注什么，他们需通过会议获得什么，解决什么问题；

第五，特色性，指要把握会议的整体风格，对于已经举行过多次的会议，需根据常年积累的风格和基调来确定会议的风格。如果是第一次举行的会议，可根据会议主题，从专业角度选择会议基调。此外，可以从会议举办方的性质来确定会议风格。如果是官方会议，那么会议一定是严肃的、正式的；如果是交流会议，则可以采用轻松活泼的风格。

案例分析

博鳌亚洲论坛的主题

在确定会议主题时可以重点关注以下方面：社会热点和事件；社会上存在

争议的问题；行业内共同关心的问题；特定人群关心、需要、正在讨论的话题；相关某种或某几种产品特点、属性的主题。

三、会议日程策划

会议日程是把会议议程所规定的各项活动按单位时间具体地落实安排，它不仅细化围绕会议议题的全部活动，还包括会议过程中的其他辅助活动，如聚餐、参观、考察、娱乐等。日程是表明会议发展的进程，同时也是对完成各项议程时间的预测和必要的限制，以提高会议的效率。会议日程是会议组织者实施组织会议、与会者参加会议和人们了解会议的重要依据，是一种会议事务性文件。

知识链接

会议议程、会议日程和会议程序的联系与区别

1. 会议日程安排的要求

会议日程不仅要将全部议程加以细化，而且还要反映会议过程中的其他辅助活动。会议日程的安排既要遵循精简、高效的原则，又要科学、合理，做到紧中有松，劳逸结合，符合人体生理和心理活动的规律，以提高会议活动的质量。心理学家的试验表明，人的精力、体力每天呈规律性变化，其高峰出现在上午10时到下午4时左右，这时，人的思维最清晰、情绪最饱满、精力最充沛、注意力最集中，是会议活动的最佳时段。

2. 会议日程编排要点

会议日程编排要科学合理，符合实际情况，一般应注意以下几点：[1]

（1）要充分考虑会期、会议议程以及拟采用的选举方式等情况。一般可根据会议的议程，先将大会划分为几个阶段。（2）要根据议程的具体内容、要求，合理编排日程。（3）大会日程的编制要明确具体，一目了然。其内容一般应包括时间、会议内容、地点、主持人。

3. 会议日程的内容结构

（1）标题。由会议名称加上"日程"或"日程安排""日程表"组成。

（2）题注。一般的会议日程若已显示了会议年份信息，则可以省去题注；若标题及其他部分均未显示年份信息，则应标明年份，以便阅读者了解会议举行的年份。

（3）正文。正文部分为表格式和日期式两种格式。表格式的优点在于会议活动的各项安排清晰明了，适用于需交代各项具体信息的会议。表格式日程以会议具体活动的内容、主持人

1　郑建瑜.会议策划与管理[M].天津：南开大学出版社，2014，145.

（召集人）、参加对象、活动地点、活动要求（备注）等项目为"列"或"行"，以日期和单位时间为"行"或"列"。单位时间一般以上午、下午、晚上为单元，如有必要，也可利用中午和傍晚的时间。每个单位时间可再分成几段，以适应不同会议的需要。日期式即按日期先后排列会议的各项活动。

（4）落款。一般写会议的秘书处，也可省去。

（5）制定日期。即完整的会议日程表制定完成时的时间。

案例分析

中国会展业年会论坛日程

四、会议参与方分类

1. 主办方

会议主办方指独立或联合发起、举办会议并承担主要法律责任的组织。会议的主办方来源主要有政府部门、公司、协会与国际组织。

知识链接

专业会议组织者PCO、目的地管理公司DMC

（1）政府部门是重要的会议主办机构，各级政府部门均可以作为主办机构。

（2）公司涉及各行各业，可以是非会议领域的公司，也可以是会议公司，可以是媒体公司或咨询公司等。作为主办机构的会议公司主要是独立会议策划公司或商业会议组织者，会议公司利用自身的强大资源和社会网络优势，发起会议活动能得到众多机构和个人的响应。

（3）协会与社会组织，主要为会员和所在领域提供服务。协会作为主办机构，在专业领域内具有较大的影响力。协会的规模和性质有所不同，它们的规模可从小的地区性协会，到全国性协会，一直到大的国际性协会。在国际上，协会一般分为下列五个类型：行业协会、专业和科学协会、退伍军人和军事协会、教育协会、技术协会。在这些协会中，行业协会通常被认为是最值得做会议市场的营销目标，因为行业协会的成员通常是由各公司的管理人员组成，他们是业务的决策者。在举行行业协会会议时，往往同时举办展览会。

专业和科学领域的协会是常见的会议主办方。他们的会议主题十分广泛，每个专业既有全国性协会，也有区域性分会。这些专业和科学领域内的协会，除了每年有一次主要的聚会外，还有每年几次的区域性工作研讨会。

2. 承办方

会议承办方指具有一定资质，接受主办单位的委托，具体负责所有或部分会务事宜，能够独立承担民事责任的组织。会议的承办方可以是公司某部门、协会某会员单位、政府部门的下级机构，还可以是专门策划活动的会议公司。对于小型的会议活动，一般不标明承办方。

3. 与会人员

与会人员主要包括：

（1）礼节性嘉宾，一般指应邀出席会议开幕、闭幕或颁奖仪式，但不发表专题演讲的权威人士或重要人物，主要有相关部门的各级领导。

（2）发言嘉宾，一般指应邀担任主持或专题演讲、对话的权威人士或重要人物。会议的发言嘉宾一般有行业内大咖级别的代表人物、权威人士、知名的专家学者、政府主管部门人士。

（3）会议听众，会议听众指按照主办单位的要求，完成全部注册程序并取得正式参会资格的人员。会议听众一般包括相关行业内的企业，尤其是协会会员单位。一些比较重要的行业会议，有时候还会专门邀请有关新闻媒体的记者到会旁听并进行现场采访。会议听众的主要信息来源包括：行业协会和商会的企业名录；政府主管部门或者园区的企业名录；同类会议活动的会刊；行业内的门户网站；会展资源网站等。

确定与会人员要注意以下原则：

（1）合法性原则。符合法律、法规、规章以及组织章程，议事规则的有关规定。

（2）必要性原则。能帮助实现会议目标的人员；因参与会议能获益的人员；与会议议题相关的人员；能满足会议公共关系需要的人员；可提供专业或独家消息的人员；可起到协调者作用的人员；利于会议组织者意愿表达的人员。

（3）代表性原则。充分考虑会议参加者的代表性，尽量选择代表一个团体或群体的人员。

（4）规模适度原则。根据会议的性质和要达到的效果及客观条件来确定规模，坚持规模适度原则，如互动讨论型会议，考虑人际互动的复杂程度，此类会议应控制与会人员数量；非互动讨论型会议，可根据信息接受的对象范围，将会议规模扩大到所需要的程度。

五、会议参与方的邀请

会议创造了参与方和同行交流信息、获取资讯的场所。参会目的主要包括了解行业最新动态和信息、前沿技术、理论；开拓新市场；维护公司形象等。会议主办方只有了解潜在参与方的参会决策依据，为其提供针对性服务，满足其需求，邀约他们前来参会。

1. 参与方的参会依据

吸引会议参与方参会的因素主要有主办方的声誉、会议的规模、会议的影响力、会议的明确定位、会议主题以及议题与参与方的相关度、往届会议的举办效果、以往的参会体验、是否有业内顶尖人士参与、参与会议的费用、会议举办的时间与地点等。非常重要的一个因素是参与方能在参会中获得的利益。

2. 塑造会议价值

价值是营销的核心。想要成功邀约目标客户来参会，就要塑造会议价值。塑造会议价值，是通过一系列的会议内容描述介绍，使客户感觉到物有所值。因此，会议的特性、结果等描绘得越清楚越真切越好，最好是能描绘出客户参会后能达成的愿景，使客户直观地感知到会议活动的价值。

会议活动中的演讲嘉宾的身份在一定程度上代表了会议的价值。试想一下，如果会议中的演讲嘉宾都来自一线的互联网企业，就会吸引很多人员主动报名参会。参与方的参会目的都是与行业内的专家、一线引领者进行交流。

此外，要确保会议内容是最新的，也是与会人员最想要了解的或是当前的热点话题、针对行业问题的商业解决方案。

3. 设计吸引方式

官网是邀约的有效入口。官网的专业性直接影响参会者对活动及主办方的直观感受和印象，影响着参会者的决策。例如，PC 端官网和 H5 建设优化，使会议活动具备会议介绍、会议日程、演讲嘉宾介绍、大会往期资讯、在线报名等多项功能，帮助主办方打造集功能性、视觉性、权威性于一体的网站形象，由此做到从品牌到流量再到销售的应用闭环，直接提升活动参会人数，为品牌营销导流。

会议邀请函是邀约的重要途径。目前，基于 H5 的邀请函较为常见，这种数字化邀请函可以实现内容信息的实时更新，并且可通过二维码进行有效连接。丰富的呈现形式可以更好地打动邀约客户。同时在多平台进行推广并邀请用户报名可实现渠道的轻松裂变。对于参会者类型多样化的会议，邀约更具有难度，针对不同群体采用不同的票种与定价方式可以增加活动的吸引力。增加曝光度、营造紧迫感是邀约中非常重要的策略。曝光度影响着观众覆盖范围，也影响着观众对会议价值的感知。在关键时间节点，加大宣传力度，可以营造必要的紧迫感。例如，采用限量免

知识链接

会议邀请函

费的海报或者倒计时的海报推送，在增加曝光度的同时营造了紧迫感，这可以促使一些尚在犹豫期的客户下定决心报名参会。

第三节　赛事活动策划

赛事是经过有序的组织，参赛者在统一规则下进行的竞技比赛活动。会展项目中的赛事活动指主办方举办或联合相关机构举办的竞赛活动，围绕推广会展项目主题和吸引专业观众而策划。赛事活动以其独特的比赛环节，为会展项目现场增添紧张气氛，吸引参展观众。赛事活动的举办，为参展商展品的推介提供了渠道。

一、赛事活动概述

赛事主要分评比类活动和竞赛类活动两类。评比类活动针对展品品质和展品设计，竞赛类活动针对行业内相关技能。其中，评比类活动可以在会展项目正式开幕前进行现场公布结果并颁发奖品，也可以作为一个主题内容在现场邀请专家进行评审。对于竞赛类活动，最好选择有展示性、可以快速产出结果的竞技类型。选手们能够向评委和观众展示自己的技能和成果。如上海国际酒店及餐饮博览会举办的酒店中西餐摆台、"我是主厨"烘焙大师、咖啡冲煮、拉花艺术、面包制作等赛事活动。在会展项目的赛事中，评比活动多于竞技活动。因为前者投入小于后者，且评比活动带动展商参展作用明显。竞技活动的现场组织较为复杂，技术操作难度高，但观赏性、参与性优于前者，见表3-3。

表3-3　赛事活动的内容设计与进程比较

比赛内容	赛事类型	参赛对象	比赛进程	比赛场景
展品品质	评比	企业产品	报名、选样、评选、展期公榜颁奖	会议/网络评选、现场展示
展品设计	评比	企业/设计师作品	报名、选样、评选、展期公榜颁奖	会议/网络评选、现场展示
展品加工或相关服务	竞技	企业/技师	报名、预赛、展期决赛、颁奖	网络初选、（博览会）现场竞技、评定

赛事活动策划须注意平等原则，对于所有参赛选手，应该提供给相同的比赛条件。其成绩评定的标准应是可量化的。在清晰可测的规则下，可以对赛事的结果进行讨论、统计，所形成的数据作为赛事成绩的依据。同时，赛事活动的主题要和会展项目紧密相关，体现从业者的专业技能。

二、赛事活动的创意原则

与会展项目配套的赛事活动，其竞赛内容、规则、形式及组织方法都需要认真地策划，激发创新力、凝聚吸引力和保证公信力，是提升赛事活动品质的要求。

1. 创新力

赛事活动的创新力应体现独特性、专业性和现场性。独特性指赛事为丰富会展项目内容而创办，体现本次会展项目的特色，具有专属性。专业性指赛事必须围绕会展项目主题及其关联行业设计，发挥推广参展商展品及服务的作用。现场性指赛事呈现在会展现场，以活跃展览气氛。会展项目中赛事活动的创新还表现为竞赛内容、组织方法的推陈出新、与时俱进。

2. 吸引力

赛事活动的内容策划可以从吸引客商参加比赛，吸引合作伙伴参与举办赛事，吸引关联行业、媒体关注赛事三方面进行考虑。有对抗性、有观赏性、有传播性的赛事可以提升会展项目的影响力，促进参展商的宣传效果。在会展项目现场举办的竞技比赛、颁奖或获奖展品（作品）展示活动应具有仪式感和观赏性，以吸引观众、媒体和大众的关注。

案例分析

3. 公信力

规范规则、公正评选和公开信息，是赛事活动公信力的保障。与专业机构合作，请知名专家把关并切实做到程序公正，是会展项目主办方组织赛事活动并提升公信力的基本经验。

博览会赛事
活动

三、赛事活动的策划组织

1. 赛事活动的策划内容

如果会展项目同期有多项赛事活动举办，须分项制定组织工作方案。方案中的细项工作可按时间顺序列表，明确具体工作要求、相关责任人。为体现赛事活动的权威性、公信力，需借助相关社团或专家或联合举办，或主导评选与裁判。竞赛或评比的规则应由社团或专家主持制定。为保证赛事活动的顺利进行，最好设立专班负责具体工作。其工作内容主要包括制定计划、筹措经费（包括主办方提供预算资金、争取赞助和收取参赛费等三方面）、组织报名、协调关系（包括联合主办方、特聘专家和赞助方等方面）、安排评选或比赛等内容。对于需在现场举办的竞技比赛或颁奖活动，还要落实和布置场地、拟定竞赛或颁奖流程、印制资料，并在活动举办过程中管理现场服务。

2. 赛事活动的运作管理

赛事活动的运作管理是由办展机构运用财力、物力、人力、信息等资源，通过计划、组织、协调和控制，向参会客户和社会公众提供精彩的比赛及相关服务的全过程。比赛是专业能力的比拼，但是作为同期活动的赛事不是通常意义上的竞技比赛。最重要的是交流和展示，而非谁赢谁输的结果。需要基于"友谊第一，比赛第二"的原则，引导和激发参赛选手们相互学习、相互促进、共同进步。在具体工作中要注意以下两方面内容。

（1）赛事流程设计。通常比赛的流程包括报名——海选——初赛——复赛——决赛。作为会展项目同期活动的比赛，其运作的周期不可能太长，操作上可以简单一些，不一定包含所有的流程。对各个阶段的时间点必须进行合理设计，并明确告知参赛选手。比赛流程的具体落实需要明确时间节点、比赛流程、工作内容、责任人安排等，可以制作表格来明确相关比赛流程。具体内容包括：参赛队伍签到、参赛队伍进场等前期工作、主持人介绍领导嘉宾并安排代表发言、主持人宣读比赛规则并宣布比赛开始、比赛队伍进场、评委评选打分、计分安排和分数公布规则、宣布比赛结果、评奖及评奖仪式、颁发奖杯奖品以及活动结束后的清场和收尾工作等。除此之外，还要考虑比赛的安保和消防安全等。赛事流程设计要考虑各种意外或突发情况，如报名参展商数量充足时和数量不足时的解决方案；如何与各个办展参与机构协调，吸引参展商参加比赛；如何在比赛过程中插入互动游戏和表演以增加比赛的可欣赏性。

（2）赛场规则拟定。赛场规则是比赛得以开展的基本法则，对比赛顺利进行至关重要。赛场规则必须明确的基本点包括：所有进入赛场人员须遵守大赛纪律，维护赛场秩序，注重仪容仪表，讲究文明礼貌，不得大声喧哗，不得嬉笑起哄，不得四处走动；所有进入赛场人员须将手机调至静音状态，赛场内不得接打电话；裁判员、工作人员、参赛选手、领队进入指定比赛区域，观摩人员在指定观众席观看；比赛裁判和工作人员要提前入场做好赛前准备工作，参赛选手要准时入场，过时做自动弃权处理；与评判工作无关人员不准进入比赛评判场地，不准干扰选手比赛和裁判员工作，不准以任何方式给参赛选手暗示或提示；各参展商要做好其所在企业参赛选手和观众的组织管理工作，发现违规违纪行为要追究当事人或参展商的责任，甚至取消比赛资格。为确保比赛公平公正，可以设立仲裁委员会。

比赛的运作管理和评奖有一些相像，有时候甚至是相融的，但比赛的运作管理要比评奖要求高一些，比赛往往涉及一个行业技能技术规则，须根据比赛确定的技术规则的评分点进行打分；比赛项目涉及众多参赛选手，比赛现场的管理需要技术设备的支撑，需要熟悉设备的专业人员；评委们须在现场进行打分且确保公正公平，其工作量和压力比较大。当然，作为会展项目同期活动的比赛，可以适度简化，便于操作。对所有的比赛都必须充分考虑安全问题，把安全第一作为原则进行现场把控。

案例分析

食品餐饮博览会中的赛事活动

第四节　表演活动策划

表演活动是一项观赏性比较强的公众性活动，现场气氛热烈。此类活动主要是可以增强会展项目的可观赏性。表演活动既可以调动现场气氛、丰富展出内容，也有助于参展商优化展出效果。因此，越来越多的参展商倾向于选择用表演活动来宣传产品和服务。例如，在以服装、文化艺术、娱乐、旅游为主题的博览会现场经常出现表演活动；服装博览会上有模特走秀、文化产业博览会的非遗项目表演；茶叶展览会上有茶艺表演；游戏展中安排有动漫人物真人秀活动；文化产业博览会或旅游展中也有文艺表演。

一、表演活动概述

表演活动的主题和会展项目要与宣传推荐的产品紧密相连，一般会基于主办地本地特色来进行设计。在策划时，表演活动作为一种能为人们提供休闲娱乐的精神文化产品，在保证其艺术性的前提下，要特别注意其娱乐性内容。舞蹈、歌曲等表演形式表现欢快热闹的气氛以及视听效果，这更能激起现场观众的兴趣，使观众获得更多愉悦体验。为了提高观众的体验感，表演活动通常采用多种手段形式吸引观众参与互动，使其既是观看者也是参与者。

表演活动通常包括以下三种类型。

1. 文艺性表演活动

文艺性表演基本上是为活跃会展气氛和扩大会展影响力而举办的。例如：有些在开幕晚宴或闭幕答谢晚宴时举办一些文艺表演助兴，还有些在会展项目期间专门组织著名歌星或影视明星参加的文艺晚会。

2. 营销性表演活动

营销性表演活动多是为了帮助产品营销和提升企业形象而举办，并且举办者多为参展商。例如，在汽车博览会上，很多参展商都会在自己的展位设立表演场所，并定时举行表演活动。

案例分析

博览会表演性活动

3. 程序性表演活动

程序性表演活动很多是依照行业管理而按行业程序举办的。例如，很多办展机构会在会展项目开幕时，在博览会开幕现场举办一些小型的表演活动。

二、表演活动策划组织

1. 主题策划

主办单位可以基于会展项目的目标进行表演活动策划，明确主题是开幕式表演还是欢迎晚宴表演或答谢晚宴表演，是为整个会展项目服务的还是由某家参展商出资赞助的表演，是娱乐性表演还是推荐性表演。明确了主题之后就可以邀请相应的专业文艺团体或者具有才艺的参展人员进行表演准备。

案例分析

表演活动策划案

2. 选择场地

要预先为表演活动选择合适的场地，对于为整个博览会服务的表演，比如开幕式上的乐队或舞狮表演，最好选择在会展公共区域举行；对于由某家参展商出资赞助的表演，可以安排在该参展商的展台上或附近举行。为了保证表演效果，选择场地时要综合考虑舞台、灯光、音响、道具等与表演内容相匹配。如果场地是露天的，还要考虑表演当天的天气情况，过于炎热、寒冷或者有大雨等情况下都不适合户外表演。书法展示、沙画表演等还要有专门的直播摄像头来向大家展示。

3. 现场协调

办展机构应该对表演活动进行统筹安排，做好现场调度与服务，以确保表演活动顺利和安全地举行。如果参展商有自行策划的表演活动，须进行协调，避免相互干扰，引发恶性竞争。对于参展商在现场举办的表演活动，办展机构一般都要事先审查，并综合各企业的活动计划时间安排，对各企业计划举办的表演活动从时间上加以统筹安排，以免他们在举办时间上彼此冲突而影响其他参展商的展出效果。

4. 安全防卫

无论是为整个会展项目服务的表演，还是参展商自己组织的表演或演示，现场表演活动往往会吸引大量专业观众，因此，办展机构要事先和场馆协商，提前制定应急处理预案并安排人力，努力做好安全保卫工作。如果设计了现场互动环节，要引导观众有序参与，防止意外。

本章思考题

1. 进行开幕式与巡馆策划有什么作用？

2. 会议论坛策划的内容有哪些？

3. 策划赛事活动的创意原则有哪些？

4. 表演活动包括哪三种类型？

5. 请在线下寻找举办得很成功的开幕式、节庆活动等，并进行交流分享。

即测即评

第四章　会展营销策划

本章思维导图

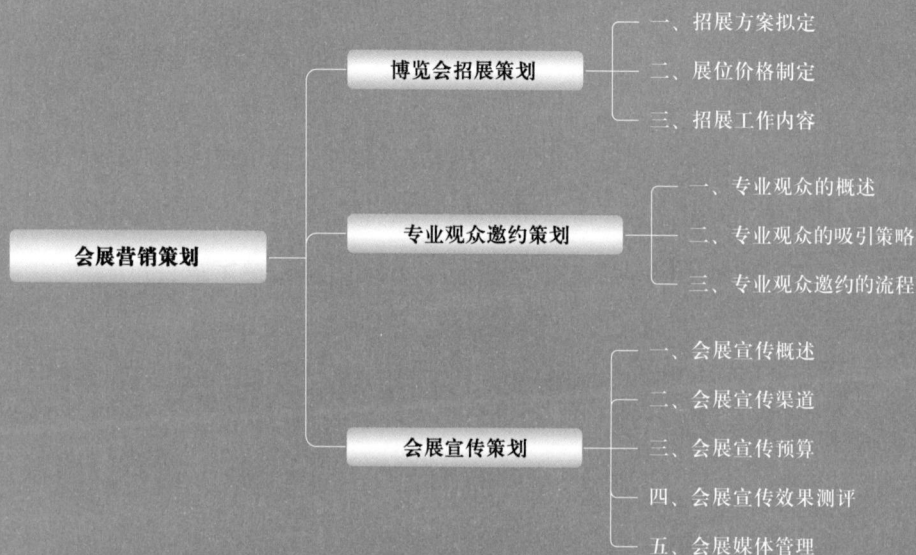

```
                                        ┌─ 一、招展方案拟定
                        博览会招展策划 ──┼─ 二、展位价格制定
                       ┌                └─ 三、招展工作内容
                       │
                       │                ┌─ 一、专业观众的概述
  会展营销策划 ─────────┼─ 专业观众邀约策划┼─ 二、专业观众的吸引策略
                       │                └─ 三、专业观众邀约的流程
                       │
                       │                ┌─ 一、会展宣传概述
                       │                ├─ 二、会展宣传渠道
                       └─ 会展宣传策划 ──┼─ 三、会展宣传预算
                                        ├─ 四、会展宣传效果测评
                                        └─ 五、会展媒体管理
```

关键词

招展策划　展位定价　参展商　专业观众　会展宣传　媒体管理

学习目标

1.了解招展方案的策划流程及内容；

2.明白如何进行展区展位划分、定位展位价格；

3.能制作招展函及制定招展方案；

4.熟悉参展商来源及目标参展商数据库的建立方法；

5.掌握会展专业观众的概念及其邀约策划的流程；

6.把握参展商的参展动机及其参展决策的影响因素；

7.掌握会展宣传目的及宣传渠道选择的方法，能够进行宣传预算和效果测评。

第一节　博览会招展策划

招展是针对参展商的推销展览、出售展位的过程，是组展机构招揽企业参加博览会进行展出活动的行为。招展是博览会筹备期间最重要的工作内容之一，招展效果直接决定了博览会的成败。

一、招展方案拟定

招展方案的策划对整个博览会的展位营销非常关键，是对博览会招展工作的总体部署，是博览会诸多策划方案中的核心方案之一。应运用系统管理的思想对会展期间的各项活动进行统筹规划和科学安排，以确保招展工作顺利进行，为博览会的如期举行奠定坚实的基础。

（一）招展方案的内容

一份完整的招展方案涉及展览概况、特色介绍、目标市场定位、财务预算、市场推广方法等。招展方案的内容包括以下几个方面。

1. 产业分布特点

产业分布特点主要包括展览题材所在行业在全国的分布特点、各地区的产业发展状况、该产业的企业结构状况及分布情况，这些内容是编制招展方案的重要依据，应从宏观上进行概要阐述。所涉及的内容要密切结合产业实际，进行科学分析，力求准确无误。

2. 展区和展位划分

招展方案的编制要结合展览的题材和定位对展区和展位进行合理的划分，有必要时可附上展区和展位划分平面图供进一步论证。

3. 目标参展商的范围和来源

招展方案要明确目标参展商的范围和来源，并且告知如何更好地接触目标参展商的方式方法。

4. 展览服务项目价格

服务项目价格是招展方案的核心内容，对招展营销工作有重大影响。招展方案应列明展览服务项目的价格。招展价格要合理，价格水平过高或过低，都会影响展览的成效。

5. 招展函的编制与发送

首先要确定招展函的内容、编制办法、发送范围与方式。编制招展函时，要充分考虑印制数量、发送范围及方式等问题。

6. 招展工作分工

对招展工作须做出具体的分工安排，例如，协作单位、相关部门与展览主办机构内部营销人员之间的具体分工、招展地区分配等，须落实责任到人与部门。

7. 招展代理组织

选择展览招展代理、确定指定服务提供商并进行管理安排，对代理的佣金与责任及代理招展的地区范围与权限等进行具体的规定。

8. 招展宣传推广

对配合展览招展的各种招展宣传推广活动进行规划和安排，编制"展览宣传推广进度计划"。

9. 展位营销办法

分析适合展览活动组织展位营销的各种渠道、具体办法及实施措施，为招展营销人员的具体招展工作提供工作方向与适用范围。

10. 招展活动经费预算

对各项招展活动组织过程中产生的费用进行初步预算，以便展览组织活动能及时、合理地安排各种费用。

11. 招展总体进度安排

对展览的各项招展工作进度做出总体规划和安排，以便有效控制展览招展工作的整体进程，确保招展的成功。

（二）招展函的编制原则

博览会招展函的内容繁杂，在编制招展函时一定要对其内容、图片和版面进行仔细的规划和安排。

在设计招展函的时候第一要明确展区与展位的划分、展位的数量与布局，最好附展位分布图，让人一目了然；第二要明确招展的价格与原则，如提早预订和预订较多展位时的优惠等；第三是明确目标参展商的范围和来源，确定获取目标参展商信息的路径和最高效地接触目标参展商的方式；第四是制定招展宣传推广计划，如配合招展进行的各种宣传推广计划与活动安排，招展的初步预算等；第五是确定展位的分销与代理方式或销售点销售，即展位通过什么渠道销售给参展商，招展代理是一般代理、独家代理、排他代理还是承包代理等；第六是明确与目标参展商沟通的具体流程，为了更好地吸引目标参展商做出参展决策，需制定一系列的沟通流程以及每一沟通节点的任务目标。

一般情况，在编制招展函时要遵循以下四个原则。

1. 全面准确

招展函往往是参展商了解博览会的第一手资料，也是参展商进行参展决策的重要参考资料，招展函在博览会与目标参展商进行沟通和联系中起着重要的作用。因此，招展函的内容一要全面、准确，不能有遗漏，不能出现差错。

2. 简单实用

招展函的内容要全面准确，但不要拖沓和烦琐，要简洁，让人一目了然。招展函的内容要实用，尽量不要与博览会招展无关的内容。

3. 美观大方

招展函的版式设计、图文布局要美观大方，让人赏心悦目；招展函文字的字体要符合人们的阅读习惯，不要为了追求美观而使用一些不易辨认的字体。

4. 便于邮寄和携带

纸质招展函一般是通过邮寄或者由招展工作人员携带送至目标参展商手中，招展函的制作材料和工艺要便于邮寄和携带，不要给招展工作带来不便并增加博览会的办展成本。

二、展位价格制定

在招展工作正式开始前，要将展览场地划分为不同的展区和展位，并为每一个展位制定合适的销售价格。要想制定合适的展位价格，就要考虑相应的影响因素，并对展位价格进行定位和管理。

（一）展位价格影响因素

在会展招展策划中，展位价格的制定是一个重要环节。合理的展位价格可以促进会展营销和展览效益同步增长。展位价格可以分为标准展位和空地两种；按场地不同可分为室内展位和室外展位价格。以下仅以展位价格为例，来讲述展览主办方在价格制定时须考虑的因素和常用的技巧。在制定展位价格时，要考虑以下六方面内容。

1. 会展项目发展阶段

基于企业生命周期理论，会展项目分为引入期、成长期、成熟期和衰退期这四个时期。在引入期，作为一个新项目，博览会处于市场竞争的劣势，博览会还没有知名度，不为参展商所熟悉和了解，技术和管理不成熟，对市场的掌控具有不确定性等，这些使会展企业常常以保本的方式运行，因此，招展的价格不宜过高。在成长期，博览会项目日趋成熟，已经得到一部分人的认可，建立起一定的口碑，在市场竞争中已经具备了一定的实力，此时会有更多的中小型企业参展，在展览的规模不断扩大时，价格可以相对地高一些。在成熟期，参展商和观众对博览会品牌的认可度达到顶峰，展览的规模基本上已确定，展览的招展价格与其他展览的竞争价格也基本固定，不宜变动。在衰退期，博览会的竞争力已经渐渐减弱，博览会的规模日渐萎缩，为了调动参展商的积极性，招展价格应较低。总之，展览在不同的时期具有不同的价值，在制定展位价格时要充分考虑展览所处的时期对招展价格产生的影响。

2. 博览会题材及行业发展现状

（1）博览会的展位价格根据行业及博览会规模有所差异。例如，奢侈品展的目标参展商是高档供应商和采购商，一般价格都高一些；博览会的规模越大，价格越高，如广交会、义博会这些大型博览会，参展商和采购商的参展积极性较高，展位价格可以高一些。

（2）行业的整体盈利水平。展位价格受展览题材的行业平均利润率大小和市场发展状况的影响。行业平均利润率越高、市场越广阔，参展商的盈利水平就越高，参展商的支付能力就越高，展位价格就可以相应地高一些。

（3）行业的市场发展情况。当供过于求，行业处于买方市场时，卖主之间竞争激烈，企业的参展积极性就较高，此时展览的价格就可以相应地高一些；当供不应求，行业处于卖方市场时，企业的参展积极性不高，招展价格就可以低一些。

（4）同类竞争展览价格状况。在招展时要充分考虑那些与本展览有竞争关系的同类展览的数量、价格，尽量避开同类题材博览会的时间、地点等，以此作为参照，充分评估本展览在市场上的地位并制定展位价格，以此确保能够加强本展览在市场中的竞争力。

3. 企业状况、经营成本及目标

企业状况指企业的经营管理水平对产品或服务成本的影响，从而影响展位价格的制定，包括企业的采购渠道、企业的规模与实力企业营销能力等。企业的经营管理水平越高，其提供产品或服务的成本就越低，企业就有能力制定较低的价格。对单位展位价格要依据项目财务分析所预测的展位销售成本及销售量得出。经营成本是在单位展位成本价格的基础上附加一定的加成金额。在预估经营成本时，要先确定展览的定价目标。展览的定价目标一般分五类：利润目标、市场份额目标、价值目标、质量领先目标和生存目标。不同的定价目标，其展位价格不同。若会展处于引入期，生存目标就是企业的定价目标，不亏损是其底线，在制定招展价格时，按照保底成本即可；若定价目标是质量领先，可采用高质高价的方法进行定价。

4. 参展商需求

从参展商的角度出发，在前期通过对市场调研，了解博览会品牌在参展商中的价值地位，以他们对博览会的接受程度和期待价值作为制定价格的依据。好的展览位置，价格相应地高一些，比如一般室内展位价格比室外展位价格要高。大的参展商所需展位面积较大，其展位单价可以比其他小的参展商低一些。预订展位越早，价格就相对会比较优惠。

5. 博览会品牌知名度

具有品牌知名度的展览以及规模实力较强的展览项目，其收费价格高于普遍展览的价格。通常，展览会的知名度越高，其吸引的参展商和买家就越多，成交的可能性就越大，该展览会的收费往往较高。例如，目前广州中国出口商品交易会的平均收费价格在全国是最高的，但是因为其"中国第一展"的品牌效应和有效的贸易成交，其展位历来都非常抢手，甚至出现了展位被高价倒卖的现象。

6. 博览会的举办城市

知识链接

根据国内重点展览区域的划分，北京、上海、广州、天津、深圳、大连等会展业发达的城市，其展位价格普遍高于中西部地区的中心城市和国内的中小城市，这主要是由当地较高的展览成本、经济实力、物价水平等因素决定的。

不同城市标准
展位价格

7. 政府的干预程度

政府的干预市场程度直接影响企业的价格决策。比如政府对展览的财政补贴、税收优惠政策，以及对展览垃圾处理的管制等都会影响展览价格的制定。

在招展过程中，科学合理地制定展位价格，在提高展览的市场竞争力的同时，减少参展商的成本，实现互利共赢。会展企业要灵活地应用以上定价方法，才能在激烈竞争的会展市场环境中更具活力，游刃有余。

（二）展位定价策略

1. 博览会定价目标

博览会的定价目标主要有以下三种：

（1）利润目标。利润目标，即以盈利为主要目标，包括两种办法：一是以当前利润最大化为目标来给博览会定价，二是以组展单位满意的利润为目标来定价。前者是追求利润最大化，后者则是只要利润达到某一个能令人满意的水平即可，而两种定价的目标都旨在马上获取利润，只不过希望获取的利润的高低有所不同而已。

（2）市场份额目标。有些博览会的定价目标是最大限度地增加展位销售量、扩大博览会规模、提高博览会的市场占有率，为此制定较低的价格，而不惜放弃目前的利润，甚至不顾目前的成本支出。这种现象在博览会的举办初期和培育期十分常见。

（3）质量领先目标。质量领先目标就是以保证和为客户塑造一个高质量的博览会为主要目标的价格定位。这种价格定位是利用"价高质优"的大众心理。

2. 博览会定价方法

（1）成本导向定价法。以办展成本作为博览会定价的基础。办展成本包括固定成本和变动成本两个部分，单位展位的成本需根据项目财务分析预测的展位销售量来推算。成本导向定价法最为常见的有三种。一是成本加成定价法。即在单位展位成本的基础上附加一定的加成金额作为组展单位盈利的一种定价方法。成本加成定价法有两种计算方式：一种是在成本上附加一个对成本而言的百分数作为单位展位的出售价格；另一种是在展位售价中包含一定的加成率作为组展单位的收益。二是边际成本定价法。边际成本指博览会增加一个展位所增加的成本。边际成本定价法是在博览会增加展位所引起的追加支出成本的基础上来制定价格的。三是目标利润率定价法。即在制定博览会价格时，使展位的售价能保证组展单位达到预期的目标利润率。目标利润率定价法着眼于博览会的总成本来定价，而成本加成定价法则是着眼于单位展位的成本来定价的。

（2）需求导向定价法。主要是从参展商的角度出发，着重考虑参展商对博览会价格的期望和接受程度，并根据参展商对博览会的反应和接受能力来制定博览会价格。其最为常见的有三种方法：第一是市场认可价值定价法，即以参展商对博览会的认可程度和认可价值而不是以博览会的成本为定价基础。组展单位先通过市场调查来研究该博览会在参展商心目中的价值，然后结合博览会的规模，来确定单位展位的价格。第二是需求差别定价法，即根据市场需求强度的不同而制定不同的价格，定价的差别与博览会展位成本之间没有直接的关系。这种定价法在具体执行时有多种形式。可以基于顾客采购量进行差别定价，如对大的参展商，由于他们要的展位面积大，其价格就可以比小的参展商的展位价格低一些；也可以基于展位区域进行差别定价，如会展业普遍实行的"地优价高"；或者以时间为基础进行差别定价，如展位订得越早就越能享受到优惠价格。

（3）竞争导向定价法。根据竞争的需要，以与竞争博览会的价格作为本博览会定价的基础。组展单位在采取竞争导向定价法时，必须注意自己在竞争中的地位，以确保该价格是在加强而不是在削弱自己在市场竞争中的地位。常见的有三种形式。一是随行就市定价法，即组展单位依照本题材博览会或者是本地区博览会的一般价格水准来定价，要注意的是，采用随行就市定价法时，流行价格水平只是一个参考系数，并不是价格要定得和流行价格水平一样，如果组展单位坚信本博览会的质量，那么，其价格也可以定得比流行价格更高；二是渗透定价法，即一种以打进新市场或者扩大市场占有率、加强市场地位为目标的定价方法。这种定价方法的特点，是在制定价格时完全根据市场竞争形势的需要，不考虑办展的成本利润等，采用这种定价方法时，办展成本往往需要较长的时间才能收回；三是采用投标定价法，即组展单位根据竞争者可能的报价为基础，兼顾自己应有的利润所采用的一种定价办法。投标定价法是在有些博览会的主办权需通过投标方式来获得的情况下广泛使用。

案例分析

博览会价格
管理

三、招展工作内容

招展工作内容主要包括：收集目标参展商信息、建立目标参展商数据库、研究目标参展商需求、联络目标参展商、制作并提交招展函以及达成交易并处理异议。

（一）收集目标参展商信息

招展工作的第一步是收集目标参展商信息。目标参展商的信息包括名称、地址、联系人、联系电话、传真、电子邮件和网址等基本信息以及其产品种类和形式、目标市场、企业规模等信息。通过这些信息可以对该行业企业的结构状况、地区分布状况、行业市场特点等进行分析。可以通过以下途径来收集目标参展商信息。

1. 行业企业名录

行业企业名录汇集大量的行业内的企业资料、产品、求购等信息。对一些全国全行业的企业名录，也可以按地区查找企业。

2. 行政主管部门资料

参与企业管理的行政部门必然掌握一定的企业信息。根据不同的行业和企业类型，行政管理部门包括工商管理部门、社保局、应急管理局、环保局、外管局、国资委、林业局等。

3. 商会和行业协会资料

商会和行业协会一般有会员单位信息数据库。大部分商会和行业协会具有会长单位、常务副会长单位、副会长单位、常务理事单位、理事单位和成员单位，其中很多是展览展示服务行业的优秀单位和个人。

4. 同类博览会参展商名录

同类博览会的参展商名录可用于搜集目标参展商的基本信息。比如中国大连进出口商品交易会、中国昆明进出口商品交易会、中国进出口商品交易会是三种经贸类博览会，这些博览会的参展商名录信息能为其他博览会的招展工作提供一定的信息参考。

5. 博览会会刊

博览会会刊是汇总全国博览会信息的刊物，包含各地博览会时间、地点、主办方、开办目的、参展对象等。它是为开办博览会与参加博览会及参观者的一个综合平台，服务于主办方、参展方、参观方，是信息时代资源整合的一种形式。博览会会刊形式包括网络博览会会刊、纸质博览会会刊，按照行业类别，主要分为电子类、科技类、工业类、原材料类。

6. 驻华机构

许多博览会会邀请境外参展商，可通过其驻华机构获取境外展商的部分信息。

7. 专业会展网站

专业的展览资源共享平台为展览企业提供云端信息。用户可通过这类网站进行海量参展商数据挖掘分析，掌握参展轨迹，参展商定位。例如第一数据网、第一财经商业数据中心、展加数据等专业网站。

8. 电话黄页

电话黄页在早期主要指纸质版的企业名录电话号码簿，互联网上也有中国黄页、企业名录、工商指南、消费指南等。纸质媒体以电话号码形式来刊登分类广告和产品，其中包括公司地址、电话、公司名称、邮政编码、联系人等简单信息。电话黄页与行业企业名录类似，包含大量的本地企业的信息。电话黄页对收集某一特定地区范围内的企业的信息尤其实用。

9. 参展商推荐

对于许多招展人员，最重要的客户线索来自现有客户。若现有客户参展体验良好，对博览会的满意度和主办方的认可度较高，他们就愿意向其他企业推荐并对博览会作出积极评价，从而吸引其他的企业参展。

10. 其他途径

收集目标参展商的信息还可以通过其他途径。例如，公司员工的关系网络或公司人员在同行会议、聚会上获取的信息；外部机构对参展商的推荐信息；从外部代理机构购买的信息；直接访问（成本较高且只对少部分博览会适用）；通过公司网址、公众号、小程序等搜索到的目标参展商信息。

（二）建立目标参展商数据库

目标参展商数据库指将所有目标参展商的有关信息按照一定的规则而建立的数据库。目标参展商数据库是目标客户信息的重要来源，对招展工作有很大的帮助。

1. 目标参展商数据库的建立原则

（1）数据量大。数据量是建立目标参展商数据库最基本的条件。一家目标参展商的所有信息被归为一条数据，目标参展商数据库应包含尽可能大的数据量。

（2）分类科学合理。对数据库各条数据进行符合招展要求的分类，便于数据检索。

（3）数据真实可靠。数据所包含的基本信息须真实、准确和完整。

（4）数据更新及时。随着招展工作的推进，对数据库信息进行必要的删减、增补或者局部分类调整等。如剔除倒闭破产企业的信息、增加新成立企业的信息、完善一些信息等。

（5）便于使用。数据库的用户界面须友好、简洁、一目了然，数据库要适合在局域网上使用，能支持多用户同时使用；对数据库基本的修改要设置权限，并非人人都可以对数据库的数据进行修改。

2. 目标参展商数据库的建立步骤

（1）依据数据分类标准进行数据处理。在对数据分类确定分类标准时，行业产品的分类特点、招展的相关要求、数据库使用的便捷性等都是要考虑的因素。例如，一般服装类博览会常用的行业分类包括男装、女装、童装、休闲装、高级成衣、内衣、皮革装、纺织面辅料、鞋帽箱包、皮具、饰品、家纺、家居用品等，在确定分类标准后，就要严格按照该标准对数据进行分类，为建立数据库做好准备。

（2）确定数据库基本字段。数据库的信息往往以表格的形式出现，基本字段就是表格中不变的项目，如"企业名称""地址""电话""传真"等。数据库基本字段是对数据分类的具体执行，它直接影响着数据检索的便利程度。考虑到数据库修改的需求，在设置字段时可以根据行业特性增设自定义字段，以增加数据库的实用性和灵活性。

（3）选择合适的软件。数据库的建立是借助计算机和网络技术来实现的，数据库软件众多，采用什么样的软件对数据库使用的便利性和安全性有较大的影响。有些数据库软件在处理小的数据库时很有效，但在处理大的数据库时就会出问题，如速度慢、易出错、检索困难等。

因此，要根据数据量的大小，在充分考虑速度、安全性、便利性和容量以及成本等基础上，选择合适的软件。

（4）输入目标参展商信息。在录入数据时，要确保录入信息的准确性。数据录入是一项细致而枯燥的工作，有些数据库的数据量很大，达几万条甚至几十万条，数据录入人员要有足够的耐心，对数据进行即时分类的数据录入人员还要具备相关行业的产品知识。

3. 目标参展商数据库的功能

（1）管理功能。目标参展商数据库的建立要求会展企业管理从一个全新的角度出发，即参展商需求、参展商满意度。无论是会展企业实施战略管理、全面质量管理，还是对市场实施需求管理、反馈控制，这些都是建立在市场需求的引导之下的。目标参展商数据库可以为会展企业提供多方面的管理视角，赋予企业更完善的招展与沟通能力，在拉近会展企业与参展商的距离的同时使双方收益最大化。

（2）营销功能。目标参展商数据库的营销功能主要体现在对客户关系进行精确的营销指导方面。根据博览会的主题和内容，选择某一客户群体精心策划营销策略，利用互联网等沟通渠道与参展商进行互动交流，并及时改进产品和营销计划，结合参展商的基本信息采用直接邮寄、电话营销等营销方式。目标参展商数据库能简化会展企业对目标参展商的营销工作，使其营销主体逐步倾向于专业观众，从而促使其营销市场日渐成熟。

（3）服务功能。目标参展商数据库可用于维系顾客关系、提高参展商的满意度。会展企业的服务质量主要体现在结果质量、过程质量、环境质量方面。会展企业往往关注参展商对过程质量、环境质量的重视，而忽视结果质量。目标参展商数据库的服务功能强调与参展商保持密切的关系，例如，展后的参展商服务跟踪、参展商的意见搜集，以丰富数据库资料，为以后的博览会服务提供优化方案。

（三）研究目标参展商需求

在研究目标参展商需求时，要了解客户的主营产品、企业规模、公司状况等基本情况，重点掌握其参展习惯、展出决策人员等信息，通过全面了解参展商的需求，发掘其需求痛点。在招展正式开始之前，通过多种渠道、多个层面了解参展商的参展目的以及影响参展决策的因素。通过了解参展商的参展决策依据，给博览会进行合适的定位、策划更有差异化和吸引力的博览会内容，从而更好地提供有针对性的信息或服务。

知识链接

参展商的参展目标、动机及目的

（四）联络目标参展商

在研究目标参展商需求后就可以联络客户。联络方式主要包括电话、电子邮件、上门推荐或第三方引荐。有三种常用策略：一是熟人推荐，第三方推荐是获得客户信任的有效办法；二是提供价值策略，向参展商说明展览的优势，明确展览给其带来的好处，这是提起客户兴趣、吸引客户参展的好办法；三是达成共识策略，招展人员通过前期调查掌握客户需求，然后在招展过程中确认需求，达成参展共识并评估参展需求。招展人员基于前期的研究在交流中对客户进行适当引导，发现和挖掘其潜在需求，并与客户一起分析、讨论，使其认识到参展价值和意义。

知识链接

参展商的参展决策影响因素

（五）制作并提交招展函

招展函是目标参展商用于了解博览会的第一份正式文件。招展函要能使目标参展商对博览会有足够的了解并对博览会做出基本的判断，一般包括以下四方面的内容。

1. 博览会的基本内容

（1）博览会名称和标识。博览会名称和标识一般被放在招展函封面最醒目的位置，博览会名称一般用较大的字体。如果博览会是国际性的，博览会名称还须加上其英文名称。另外，博览会名称常常有一个简称，如"中国出口商品交易会"的中文简称为"广交会"，英文简称是"CECF"。

（2）博览会的时间和地点。该内容一般被放在博览会招展函的封面。其中，举办时间是在招展函的内页，只不过封面的"举办时间"通常是博览会的正式展览时间；内页的时间还包括博览会的布展、撤展和对专业及普通观众的开放时间等。

（3）博览会组织结构。该内容包括博览会的主办单位、承办单位、协办单位和支持单位等，有时候还包括博览会的指导机构。一般被放在博览会招展函的封面。

（4）办展起因和办展目标。该内容简要说明举办该博览会的原因以及计划将该博览会办成什么样，如博览会的预计规模，预计观众等。对于已经连续举办多次的博览会，回顾往届博览会也是一项必不可少的内容。

（5）博览会特色。须用非常简洁的言语来高度概括博览会的特色，如博览会的宣传口号、博览会的主题等，要易记易懂，易于传播。

（6）展品范围。博览会的展品范围有时候还包括博览会的展区划分，供参展商作参展决策时参考。

（7）专业观众范围和结构。须详细罗列出专业观众的范围，且用图表形式表示专业观众的行业结构、地域结构、职位结构等，必要时可列举专业观众的典型代表。

（8）价格。须列明博览会的各种价格，包括空地价格、标准展位价格、室外场地价格等。此外，对标准展位的基本配置还要进行详细的说明。

2. 行业与市场状况介绍

（1）行业状况。结合展位的定位，对博览会展览题材所在行业的状况做简要介绍，如行业生产、销售、进出口及发展趋势等。

（2）地区市场状况。须简要介绍办展所在地区的市场状况，对于国际性博览会，要介绍的"地区"范围就不仅是博览会所在城市和省份，还包括整个国家及周边国家。上述地区范围究竟该包括哪些主要取决于博览会的定位和市场辐射范围。

3. 博览会招商和宣传推广计划

（1）招商计划。须简要介绍博览会计划邀请专业观众的办法、范围和渠道。如果博览会是已经连续举办多次，对往届博览会观众的回顾分析就是十分有用的资料。

（2）宣传推广计划。须简要介绍博览会的宣传推广手段、办法、范围、渠道，以及博览会计划如何扩大影响的措施等。博览会宣传推广计划是参展商较关注的项目，须详细地列明。

（3）相关活动。简要介绍博览会期间将要举办的相关活动、各种活动的举办时间和地点以及参展商参加活动的联系办法等。博览会相关活动的作用是双向的，它既有对博览会的宣传和辅助作用，也有对参展商的宣传和展示作用，因此有些参展商也乐于参加。

（4）服务项目。服务是博览会提高竞争力和吸引力的重要手段之一。招展函要体现目标参展商能从博览会获得什么服务，包括各种有偿服务和免费服务。

4. 参展办法

（1）办理参展手续。告诉目标参展商办理参展手续的步骤与内容。

（2）付款方式。列明博览会的开户银行、开户名称和账号、收款单位名称、参展商参展的付款办法、应付定金的数量和付款时间等。

（3）参展申请。预留参展商参展申请表，一旦目标参展商计划参展，就可以填写申请表并传真给组展单位预订展位。

（4）联系办法。列明组展单位的联系地址、电话、传真、网址、电子邮件等。

在提交招展函的时候，招展人员可以就展览特色、优势和利益进行介绍。大多数介绍以口头介绍为主，以文本资料、可视材料作补充。展览介绍的目标是使目标参展商相信参展能够满足其需求，并且该展览比其他展览更有优势、更适合目标参展商。

（六）达成交易并处理异议

在目标参展商确定参展后，会展企业要与参展商之间签订书面的参展协议或合同，以明确展位号、展位位置、展位面积、是否有特殊展品和要求、是否有新品发布和推介的需求、是否有参与论坛和活动的需求等内容。对于客户异议，通常会有三种情况。一是真实的异议，即并无参展需求，或者因特殊原因无法参展，对这种情况可以表示理解，并表示如果条件成熟欢迎参加下一次展览。二是目标参展商在犹豫是否参展，由于时间冲突、预算有限或者在同类博览会中选择举棋不定。对这种情况要积极引导，协助其解决问题。三是隐藏性异议，即目标参展商没有表达真实的想法，而借其他理由拒绝参展，对这种情况要进一步挖掘和分析。

知识链接

招展的沟通
策略

面对目标参展商提出的异议，招展人员处理异议的步骤应该为：聆听、探寻、答复，即仔细聆听异议内容，通过追问相关的问题探寻目标参展商的真实想法和目的，最后针对异议相应地答复。

第二节　专业观众邀约策划

博览会专业观众指从事博览会上的某类展品或服务的设计、开发、生产、销售、服务的专业人士以及该类产品或服务的用户。专业观众邀约，即邀请专业观众参加博览会的一系列活动。邀请尽可能多的高质量的专业观众到会参观，是办展机构对参展商提供的最好的服务。专业观众邀约与招展工作是博览会的两翼，两者相互影响、相互作用。

一、专业观众的概述

博览会之间的竞争，在某种意义上是专业观众之间的竞争，博览会专业观众的数量和质量决定着博览会各方主体的收益状况，也是博览会是否成功的主要因素。首先，专业观众数量多，博览会人气旺，这就会吸引更多的参展商和专业观众，这是一个良性循环的过程。其次，观众数量多，博览会交易额就相对高。最后，参展商参加博览会的目的是达成客观的交易量，同时通过博览会的一系列活动展示企业产品和服务，营造良好的口碑，为企业未来发展打下基础。专业观众的数量是参

知识链接

专业观众

展商选择博览会的主要指标之一。而且随着博览会竞争的日益激烈，参展商可以选择的余地越来越大，博览会要赢得参展商的支持，必须重视专业观众的邀约工作。

（一）专业观众的展览信息获取渠道

专业观众获取展览信息的主要渠道有：参展商邀请、主办单位及行业协会邀请、专业媒体传播、同类或往届博览会推荐、政府有关部门推荐、国外驻华机构邀约等。

1. 参展商邀请

在参展商确定参展后、实际参展前，在社交平台上、企业网站上公布企业将参展的相关信息，并告知与企业建立了即时通信的客户，邀请其参加博览会。参展商常通过电话、邮件等方式在展前进行有针对性的专业观众邀约，也可通过社交平台、企业网站等途径邀约。参展商须告知客户博览会的具体时间、地点、展商摊号位置等，在邀约前绘制博览会海报以及展馆平面图，并在展馆平面图上标注位置，方便客户寻找。

2. 主办单位及行业协会邀请

博览会主办单位有客户信息数据库，常通过电子邮件、传真、电话等方式邀请专业观众；行业协会作为行业内的中介组织，常设有参展商和专业观众名录，在行业内有较高的知名度与影响力，是理想的合作伙伴。

3. 专业媒体传播

参展商、博览会主办单位、博览会承办单位、协办单位，可在专业杂志、报纸及国内主要行业网站上刊登广告，指定专业媒体进行特别报道、专题采访、评述等，以有效传播博览会信息，吸引专业观众的注意。

4. 同类或往届博览会推荐

专业观众可从同类博览会、往届博览会了解到即将开展的博览会信息，或者是参展商、主办单位等从往届或同类博览会的观众数据库中挖掘信息，通过发送邀请函，继续邀请专业观众。

5. 政府有关部门推荐

政府的有关部门在行业内的影响力很大，主办方通过与政府有关部门合作能掌握大量信息，并获得诸多便利。如果通过政府有关部门邀请专业观众，专业观众的认可度和参与度就较高。

6. 国外驻华机构邀约

国外驻华机构不仅对其本国的情况很了解，而且对举办地的情况也熟悉，由他们向其本国发出的专业观众邀约，对国外观众具有较强的说服力。

（二）专业观众观展的动机

专业观众观展的动机主要包括以下五个方面。

1. 采购参展产品

专业观众采购某些参展的产品，以满足其生产或贸易的需要。在博览会上他们有更多的、更好的或者价格更低的产品选择，可以买到更合适的原材料和适销对路的产品。专业观众通过比较博览会上产品与服务的价格和性能，寻找特定的产品、发现新产品或新用途，从而更好地了解所需产品的技术功能和参数。

2. 获取科研资讯

相关的技术人员、管理人员、科研人员、设计人员等，为了解行业的最新技术、科学技术的运用情况以及科技的进步等，来到展览会现场或参加相应的会议活动。

3. 了解市场行情

有些专业观众观展的目的是以最低的成本更好地了解行业的发展状况、市场的发展前景、消费者的需求、竞争对手的情况等。有些参展商会在博览会现场发布新产品信息，专业观众通过参加博览会可以了解行业内最新产品、技术的情况。

4. 关注技术进步

品牌博览会一般聚集了行业的众多优秀企业，甚至行业的顶尖企业也派代表团参展，因此，观众可以在展览会找到质量优、技术含量高的产品。他们特别关注产品的形象、产品的性能、产品的附加服务以及产品使用为其带来的身份和地位的提升。

5. 建立合作关系

有些观众通过观展的方式维系或建立与博览会现场参展商、其他观众的人际关系或商贸合作往来关系。借助会展这个平台，观众不仅可以和老客户加强联系、增进沟通，而且可以接触许多提供类似产品和服务的新客户，通过参观新客户的展台和产品，认识新客户，建立新的客户联系。

二、专业观众的吸引策略

（一）专业观众的决策影响因素

影响专业观众参展决策的因素可以从博览会主办方、参展商以及专业观众自身这三个角度进行阐述。

1. 主办方的行为

（1）场馆的选择。博览会主办方对场馆的选择起着重要作用，因为场馆相关配套设施对专业观众有直接影响，无论是场馆本身还是场馆配套设施的完善程度都会影响专业观众的决策，甚至场馆休息区和洗手间的设立、餐饮服务内容、对目的地引导服务的要求、网络服务质量都是其决策的重要因素。场馆配套设施对提升博览会专业观众的满意度具有一定意义，博览会主办方要秉持客户至上的原则选择合适的场馆，让专业观众满意，这在很大程度上影响他们的观展意愿。

（2）办展知名度及办展类别。专业观众更易于接受并参观知名度高的博览会。若主办方具有较高的行业知名度，主办方办展能力较强，或主办方有较高的品牌识别性，这些都可以吸引专业观众，若博览会的类型符合专业观众的行业需求，即展品与专业观众所在领域及其需求密切相关，便也可以吸引专业观众。在对专业观众的观展问题产生影响的各项因素中，主办方的办展知名度及所办博览会的类别不容忽视。

（3）主办方宣传及邀请力度。主办方宣传及邀请力度的大小对专业观众的参展决策有重要的影响。博览会主办方须选择多种渠道进行博览会宣传。一方面，各大官方网站、微信公众号平台及新浪微博等新媒体平台成为博览会宣传推广的主要渠道。另一方面，就线下的宣传而言，在博览会举办地区周围的公交车站、地铁站、大型商场等人流密集场所进行线下广告投放（设立大型广告牌等）也可以给博览会潜在观众留下较深刻的印象。

（4）主办方提供的服务质量。主办方提供的服务质量会直接影响专业观众的参展体验，这也是专业观众对博览会满意度评估的重要因子。从我国现有博览会经验来看，主办方提供的服务质量越高，专业观众观展意愿就越强，反之其观展意愿越弱。因此，不管是从参展商还是专业观众的角度，主办方都须建立严格的服务机制以保证博览会的服务质量。

2. 参展商的特征

（1）参展商品牌形象。专业观众的参展目的往往是与博览会参展商进行互动、寻找和发现新的产品。参展商的品牌形象极大地影响专业观众的参展意向，若博览会中有行业领域的龙头企业参展，就可以有效吸引专业观众。

（2）参展商的质量和数量。博览会上质量高、数量多的参展商，是提升专业观众观展意愿的重要动力。

3. 专业观众自身行为

（1）专业观众的需求程度及其忠诚度。专业观众的行为受其个人需求程度的影响，从而影响其观展意愿。此外，专业观众对博览会或者主办方的满意度和忠诚度与其参展意愿呈正相关。

（2）观展成本。专业观众在做参展决策时，会考虑参展的综合成本，包括时间成本、金钱成本、人力成本。若专业观众对参观某博览会所投入成本的接受度较高，则说明其对该博览会的价值较为认可，参展意愿较高。

除此之外，主办单位的声誉、博览会的具体举办时间、举办地的区域环境、展览主题或定位、往届展览的展览效果、展品质量和种类等，这些都是专业观众参展决策的影响因素。

（二）专业观众的吸引方法

1. 定位目标市场，加大宣传力度

博览会主办方需要在展览前就加大组织和推广力度。一是针对国内，通过公众媒体以及专业性大众报纸、杂志登载关于博览会的消息，邀请新闻媒体撰写相关文章，提高目标专业观众对博览会的关注度；通过利用政府资源进行宣传推广，例如，在行业垂直专刊和行业相关网站登载，可反复投放，亦可分段连续投放；通过整理与收集数据，给目标专业观众直接邮寄入场券与邀请函；通过参加国内相关行业的重点博览会直接与目标专业观众进行面对面推广。二是针对国际，利用网络的便捷性与即时性，在世界著名的商务网站发放旗帜广告或者公布文字链接等，或将展览会的广告刊登在相关的贸易杂志上；通过利用自己建立的数据库或其他现有数据库资源对目标观众与专业买家进行电子邮件邀请并提供观众网上预注册服务等。

2. 广泛建立合作关系

专业观众是博览会的生命线，博览会在专业观众的组织方面要采用多样化的手段，要组建专业观众的宣传机构，通过电话、短信、邮件等方式进行招商，可以在一些相关博览会上发放大量的宣传单，也可以通过与中介机构合作，利用中介机构丰富的博览会组织经验和客户资源来组织专业观众，由此充分发挥各自的专业优势。博览会主办方将主要精力用于博览会的布置和服务，中介机构负责专业观众的组织、宣传和招揽。然而，选择与中介机构合作也存在一些问题，例如有的中介机构将业务层层转包、业务的完成质量和效率受到影响；也有的中介机构

本身不具备相关实力或者对行业比较陌生，不能很好地完成任务，因此，博览会主办方要选择与那些实力强、行业口碑较好的中介机构建立合作关系。

3. 加强专业论坛建设

在现代供应链中，博览会产出的商品和技术都不是独立存在的，都是供应链链条上的产物。以软件行业为例，其具有较强的应用性，涉及的相关行业众多，在供应链中具有十分重要的作用。如果沿着软件行业向上下游拓展，会发现很多行业都与软件有关，随着软件技术的不断发展和广泛应用，这些行业的专业观众愈发重要，中国软交会通过举办专业论坛的方式，邀请众多相关行业参与，培育了大量的专业观众；为了增加论坛的吸引力，可以邀请一些知名度高的经济专家以增加人气，或者将论坛举办地设在度假村或者邮轮上，从而吸引更多的合作伙伴。

4. 开展沙龙等交流活动

博览会是大家进行充分交流和沟通的机会，很多参展商和专业观众都是从一些活动中获得有效的资讯。为了提高博览会的人气，举办方要多提供一些交流活动，这些高附加值的活动往往能带来意想不到的效果。特别是邀请一些名人进行活动，让更多的专业观众参与，在互动中产生一些商机。博览会的活动形式多种多样，例如沙龙就是不错的活动形式，大家可以在一起畅聊，在舒缓的音乐中放松心情，话题可以涉及方方面面。另外，博览会的主要目的是参展商向专业观众进行技术和服务宣传，为了强化宣传效果，赢得参展商的支持，博览会举办方要和参展商通力合作，形成利益共同体，一起分析专业观众的需求帮助展商设计最好的宣传方案，最终达到良好的推广效果。这样的合作关系是基于相互信任和互助的伙伴关系，而不是服务与被服务的"对立"关系。

5. 精心设计活动内容

为了更有效地吸引行业内高级经理们，使他们作为专业观众参加博览会。展览会和论坛的内容必须是精彩的、适时的和重点突出的。要善于抓住每一个机会，向目标观众传达鲜明的价值观。比如，通过开展年度 IT 产业经理调查，获取产业信息，优化会议内容。这项调查的重要内容之一是了解高级经理们在日常工作中所面临的十大最受关注的问题，了解他们的需求和痛点，有针对性地设计活动内容。

6. 制定合适的奖励政策

许多博览会组织者认为，要努力让专业观众的参观轻松无比，他们才会来。比如，加利福尼亚礼品展通过实行"金海岸买家计划"，为经过预选审查的预计购买金额在 100 万美元以上的观众提供一系列的优待，如免费停车、更优惠的饭店价格、互联网和传真接入以及全套的酒吧和午餐服务等。此外，该计划还会为高层次观众提供试用产品包。但是，也有职业经理人表示这样的优待并不能对专业观众产生吸引力，对多数专业观众而言，只要展览会的某些方面值得他们花时间，他们就一定会出现在现场。因此，博览会组织者应当充分了解专业观众的需求，并制定合适的奖励政策，吸引专业观众。此外，博览会组织者应当鼓励参展商进行专业观众邀约，对带专业观众的参展商给予一定的政策奖励、配套增值服务。

7. 实行多种办展模式

相对于线下单一展馆的常规展览，多种形式的办展模式会对专业观众有更大的吸引力。观众们可以将这些新的认识和策略运用于实践，这对他们来说是非常激动人心的事情。

以美国银行家协会（ABA）之类的会员组织在举办展览会为例，这样的博览会举办享有绝对的优势。因为协会能比较容易地把握高层次的会员，他们为了协会的成功往往愿意积极主动。这样，在由 ABA 下属的职业发展部所举办的 10 个展览会上，演讲者们所带来的高质量的内容和新的策略便能吸引 200 名到 1500 名观众。然而，这些展览会也吸引负责某个财务机构内部业务的高级决策制定者。

在这种情况下，展览会必须采取不同的模式。例如，ABA 举办保险风险管理会议时与 12~15 个公司紧密合作，并提供一张精心布置的会议桌，但没有展示区；而财富管理和诚信会议则以设有 80 个展台的充满活力的市场而著称。但不管展览会模式是怎样的，所有的合作公司和参展商都全部注册了会议，他们的积极参与保证了讨论的高品质。

此外，为专业观众提供良好的洽谈空间和交流联络的机会或策划一对一的交流等，这在一定程度上能提升专业观众的参展吸引力。总之，要从参展商的角度出发，收集和组织大量的、有效的博览会专业观众信息，采取有效的方法和手段，提高专业观众的数量和质量，再通过专业观众提升展览会的质量。只有这样，才能让博览会做大做强并吸引更多的参展商，获得社会效益和经济效益的双丰收。

三、专业观众邀约的流程

（一）明确邀约对象

主办方的长期利益、参展商参展收益的高低是由专业观众的数量和专业观众的质量决定的。在进行博览会观众邀约时，要分清楚有效观众和无效观众。有效观众指到会参观的专业观众或者是参展商所期望见到的人群，这是博览会必需的人群，一般来讲，有效专业观众所占比例不能低于所有观众的 30%。

以新材料主题的博览会为例，若要确定专业观众的对象，要先看展品类型，若展品以建筑新材料为主，那么，专业观众应来自建筑工程企业、建筑模具制造商以及与建筑相关的设计院、行业协会等机构；若展品以超硬材料为主，那么，专业观众应来自机械设备制造商、机械设计研究院等机构。在确定哪些机构是博览会的专业观众后，还要进一步明确哪些岗位人员才是参展商最想要的专业观众，一般来讲，专业观众机构里的采购部负责人、技术部负责人、高管等是比较受欢迎的职位人员。

（二）确定专业观众的信息

博览会主办方获取专业观众信息的目的就是更好地了解观众的需求，然后联系并邀请专业观众前来观展，以实现参展商与专业观众的互利共赢。博览会主办方收集的博览会专业观众的信息资料，一般包括姓名、性别、所在单位（公司）、所任职务、办公地址、电话、邮箱、微信号等内容。有丰富经验的主办方还会根据需要扩展专业观众的信息内容，如年龄、籍贯、毕业学校、所学专业、兴趣爱好、所在单位性质、参观博览会次数、有无采购决策权等。博览会专业观众的信息资料越详细、越准确，邀约的成功率就越大。

一般来讲，专业观众的信息获取渠道主要包括以下几个方面：行业协会和商会的企业名录；政府主管部门或者园区的企业名录；参展商的客户名录；同类博览会的会刊；企业名录；行业内的门户网站；行业的黄页；会展资源网站。

（三）明确专业观众邀约的方式

博览会主办方进行专业观众邀约的通行方式，可以归纳为以下六种：通过媒体发布博览会信息；电话邀约；邮寄邀请函；互联网途径发送邀请函；手机发送邀请短信；参展商邀请其客户。

电话邀约、邮寄邀请函、手机邀请短信是主要途径，而若能由此激发参展商邀请其客户，则是效果最好的专业观众邀约方式。

然而，国内的许多主办方并不重视专业观众邀约工作，既未设立部门，也无专人负责，经常是销售人员兼职或者临时雇人，也有些主办方设立部门或者确定专员，但投入和管理并不到位，甚至形同虚设。

从事专业观众邀约的员工尤其是那些资深、品行端正、技能娴熟的员工是不可或缺的人才。为有效地邀约专业观众，规模较大的博览会主办方，一般设立专门的部门（市场部或客服部），部门内配置电话呼叫中心；而规模较小的博览会主办方应配有专人负责专业观众邀约工作。

专业观众邀约方式策划的要点包括四方面。

第一，分析展览会的观众定位，依据定位选择邀请方法。

第二，通过建立专业观众数据库，采取"一对一"的方法精准地邀请专业观众。建立专业观众数据库，包括收集信息、整理、核实、录入信息等业务流程。在此基础上的邀约方法很多，通常有电话、电子邮件、邮寄信函、手机短信、登门拜访等方法。

第三，选择符合观众定位的媒体，通过新闻或广告推送博览会信息，比如博览会主办方的网站、电子邮件、微博、微信公众号、App、微信群、QQ群以及纸质会报等，这些都是推送展览会信息的"自媒体"。

第四，主办方在会前或会中主办或动员参展商主办相关同期活动，例如技术交流会、贸易配对洽谈商务考察活动等，都是提升专业观众的数量和质量的有效方法。

因博览会主题不同，影响范围不同，观众接受信息习惯的差异，不同的主办方邀约专业观众的具体方法可能不一样。对有经验的博览会主办方而言，具有个性的专业观众邀约方法，其在内部的体现是制度化业务流程。这一业务流程之所以能够制度化，必然是因其邀约效果经实践证明是有效的。

案例分析

专业观众邀约
的成功案例

（四）核算专业观众邀约成本

专业观众邀约的成本投入一般包括三个方面：一是人员成本，二是宣传成本，三是邀约成本。

目前，专业观众邀约成本在博览会总成本中的占比达到15%以上，且呈现逐年上升的趋势。主办方对专业观众邀约的投入是考察专业观众邀约是否受重视，评估投入产出是否划算的重要财务指标。人员成本主要是邀观人员的工资、绩效提成以及相关的差旅工作经费；宣传成本主要是针对目标专业观众进行宣传推广的费用；邀约成本通常涵盖信息收集、数据库建设及录入、整理核实、函件制作、多方式邀约、博览会现场门禁登记、调查问卷、展后分析等环节。

知识链接

专业观众邀约
的成本分类

（五）专业观众数据分析

分析博览会现场专业观众登记的情况，是评估专业观众邀约效果的重要内容。良好的分析有利于对专业观众邀约的相关步骤进行全面总结、肯定成绩、寻找差距、谋划改进。而参观数据分析一般基于观众数量、构成、来源、对博览会评价等多层面的定量数据分析。还要对存在的问题进行剖析，并提出改进措施与建议，分析结果可以形成规范的展后评估报告。

第三节　会展宣传策划

会展宣传推广活动是围绕会展活动的目的展开的，即有目的、有计划地进行的一系列促进招展、招商和建立会展形象的宣传推广活动。

一、会展宣传概述

（一）会展宣传目的

1. 展前宣传目的

展前宣传目的主要是提高博览会的知名度，便于招展和招商。首先提高博览会的知名度，让更多的人了解博览会，吸引目标参展商和目标专业观众，以有利于招展招商。在会展筹备期间，前期的宣传推广目的在于招展，在筹备后期则偏重于招商。

2. 展中宣传目的

（1）扩大影响、争取更高的曝光度。在会展活动举办期间联系媒体进行相应的宣传报道，可以扩大会展活动的影响。更高的曝光度可以帮助会展活动提高知名度，有利于下次会展活动的招展和招商。

（2）拓宽博览会的品质认知度。品质认知度指目标参展商和目标观众对博览会的整体品质或优越性的感知程度。品质认知度对博览会的长期发展具有以下重要意义：可为目标参展商和观众提供一个参加博览会的充足理由，使本博览会能最优先进入他们参展决策考虑的视野；使博览会定位和博览会品牌获得目标参展商和观众的认同，提高其参加博览会的积极性；有助于博览会的销售代理开展招展和招商工作，增加博览会的"通路筹码"；可以扩大博览会的"性价比"，创造竞争优势，促进博览会进一步发展；使参展商有更好的销售业绩；帮助博览会获得更多的支持和赞助。

（3）创造积极的品牌联想。博览会品牌联想指在目标参展商和客户的记忆中与该博览会相关的各种联想，包括对博览会类别、博览会品质、博览会服务、博览会价值以及客户在博览会中的利益等方面的判断和联想。由这些联想组合而成的有意义的印象就是品牌形象。

3. 展后宣传目的

展后宣传目的主要是树立良好的会展品牌形象，不断提升目标参展商和观众对会展品牌的忠诚度，增加博览会的情感购买者和忠诚购买者数量。拥有较高品牌忠诚度的参展商和观众的博览会，将在其行业中更加具有影响力。

（二）会展宣传时间

1. 根据宣传时机安排

在展览组织工作的各个阶段，都须很好地把握宣传推广的时机。在前期，如果宣传推广时间距展览开幕时间过早容易使目标客户遗忘，而时间过近，则不利于参展商和观众的时间安排。根据展览操作实践，在展览组织工作开展的前期，可在媒体投放少量的形象广告，以引起目标客户的注意；在中期，可加大广告的投放力度，以加强展览项目对目标客户的影响力，宣传内容应尽可能详细且注重细节，以推动参展商与专业观众对展览项目的认同并采取积极的行动；在后期，广告投放则主要针对展览主办地的参会者，以宣传展览品牌形象为主。

2. 根据宣传策略安排

（1）在同一时间段采取密集的宣传攻势，在参展商和专业观众心中树立其对展览的认知。

（2）在连续时间段采取均匀的宣传攻势与策略，使参展商和观众对其逐步加深印象。

（3）在若干不同时间段根据时间变化间隔进行宣传。

不管根据哪个方面安排，都要编制宣传时间表，对宣传推广工作进行全程控制。

（三）会展宣传内容设计

不同类型的博览会有不同的宣传对象，其宣传的内容和渠道都不同。例如，商业性博览会宣传的重点在于博览会的主题与效果；文化性博览会宣传的重点在于博览会的定位与档次；小型博览会特别是短期博览会宣传的重点是时间、地点等与博览会直接相关的信息；大型博览会尤其是长期宣传的重点则在于博览会的品牌形象。在管理上，根据博览会的级别与宣传目的，其宣传与推广的内容安排也有所不同。

1. 确定宣传内容与资料

宣传内容要依据博览会的主题与定位，但也不能面面俱到，要根据博览会宣传与推广的目的而有所侧重。向参展商、专业观众、社会公众发布的博览会信息内容包括博览会的组织机构、博览会的目标与理念、博览会的亮点和特点、博览会的品牌形象、博览会的个性化服务等。信息内容要真实可靠，要核实信息发布的来源。向社会公众以及目标客户发布的博览会信息要有独创性，要与同类型展览的宣传内容有所区别，避免信息的雷同，增强信息宣传的效果与意义，尤其要多加注意涉及知识产权的问题方面。在完成初稿之后要精心打磨文本内容，要掌握目标对象的需求点和共情点，设计能打动目标对象的内容。有时针对国外目标客户发布的博览会信息要尽量制作合适的语言版本，以达到对目标客户有效的宣传推广目的，从而提高博览会的影响力。

会展宣传资料主要包括以下方面。

（1）会展宣传总体方案。会展的宣传推广总体方案要包含博览会举办的时间、地点、主承办单位、展品范围、参展商结构、专业观众结构等基本信息。

（2）会展活动介绍。活动介绍包括博览会活动的定位、展区划分、展区布局和活动优势等。

（3）招展书、招商书。针对目标参展商和目标专业观众进行精心设计，内容要对宣传对象产生吸引力。

（4）亮点素材。为了更好地吸引目标参展商和目标专业观众，要搜集尽可能多的亮点素材，然后进行精准传播，从而达到宣传推广的目的。

2. 针对参展商的宣传内容设计

针对参展商的宣传内容，除了博览会的基本内容外，还包括组展方的权威性与行业地位，以吸引目标参展商的注意和增加成功招展的可能性。博览会的市场影响、市场辐射范围等内容也是引起目标参展商注意的内容。可以适当提及招展的价格、提早预定与预定展位数量较多时的相关优惠，也可以提及可能出席展位的代表性专业观众和已经收到的回应，如已经有多少专业观众联系了博览会主办方。

3. 针对专业观众的宣传内容设计

针对专业观众的宣传内容，除了博览会基本信息等内容外，还可以扩大对主办方的宣传以增强对专业观众的吸引力。在对专业观众的宣传内容中加入对博览会类别、知名度的宣传，能提高专业观众的兴趣。可以适当提及出席博览会的代表性参展商。高质量的参展商，是增强专业观众观展意愿的又一重要因素；参展商的品牌形象极大地影响专业观众的参展意向，若博览会中有行业领域的龙头企业参展，就可以吸引专业观众。要重点宣传博览会的内容吸引专业观众，比如会议论坛的主题、重量级嘉宾、现场考察环节、新技术发布等。

二、会展宣传渠道

（一）宣传渠道种类与特点

会展宣传渠道有多种选择，如通过网络、专业杂志、专业协会和商会、新闻发布会、同类型博览会等进行宣传。宣传渠道的多样性有利于提高展览品牌的影响力和号召力，有利于提升展览品牌的价值和意义。

在宣传渠道的选择上应选择时效性强的媒体，如大众报纸、专业杂志、直邮、网络广告等，不仅能够全面地反映展览信息，而且可以节约宣传与推广成本。

此外，要根据宣传渠道的特点，选择与博览会及宣传对象匹配的渠道。不同类型的宣传渠道的特点见表4-1。

表4-1　宣传渠道类型及特点

分类	具体渠道	特点
广告	报纸、杂志、网络、广播电视、户外媒介、新媒体等。	广告的主题设计要明确，标题醒目，口号有创意，正文具体、文案引人注意。
网络宣传	会展官网建设、网络媒介广告等。	宣传费用较低，覆盖面广。但网络上信息量较大，参展商和专业观众在网络上随机看到宣传内容的概率较低。
自媒体	微信公众号、抖音号、视频号、小红书等。	成本低廉，内容自主性大，效果较好，试错快捷方便，缺点是要有足够的关注量才会有效果。
邮件	直接向参展商和专业观众发函或邮寄宣传资料。	宣传性价比高，且针对性强，效率高，效果明显。
人员推广	宣传人员对参展商和专业观众通过直接拜访、电话、邮寄等进行联系。	会展宣传人员与目标客户直接进行一对一的沟通，有助于进一步了解客户，增加相互间的感情。
新闻发布会	在展览筹备及开幕前后举办的新闻发布会。	具有最新内容以及新闻亮点和价值。

分类	具体渠道	特点
组织机构推广	通过行业协会、商会、专业组织机构和政府主管部门等进行宣传推广。	与专业的组织机构建立广泛的合作关系，在合作过程中也会存在利润分配的问题。
同类展览推广	在国内外同类展览上宣传推广。	可与目标客户之间进行有效的沟通，较容易引起目标客户的注意。但与同类博览会间存在竞争关系，推广费用也较高。
展览相关活动	展览期间举办的配图活动如表演、比赛等。	展览宣传内容更具内涵、形式更丰富，可为客户提供更多服务。
公关宣传	配合展览宣传展开的公关活动如开幕式等。	影响力较大，但准备时间长，且投入的成本较高。

（二）针对参展商的宣传渠道

1. 直接邮寄

办展机构直接将宣传资料、邀请函等直接邮寄给目标参展商。以目标参展商数据库为基础，经过仔细的挑选和分类，将资料直接邮寄给目标参展商，针对性更强。

2. 发送电子邮件

以参展商数据库为基础，通过发送电子邮件的方式向同类型参展商宣传博览会，这种形式要依赖有大量电子邮件地址的客户数据库。

3. 电话宣传

宣传人员通过电话直接向目标参展商宣传博览会，通过电话联系不仅可以进行博览会宣传，还可以进行市场调查、目标客户确定、市场定位、提供咨询、处理投诉等。

4. 直接拜访

宣传人员到目标参展商的公司或工厂直接拜访并听取参展意见。直接拜访客户须事先预约，且效率相对较高。

5. 博览会现场推广

宣传人员到其他同类博览会上推广，也可以在这些博览会上租用专门的展位进行宣传，也可以逐个在现场拜访客户，征求参展意向，接受参展申请。

（三）针对专业观众的宣传渠道

针对专业观众的宣传渠道区别于针对参展商的宣传渠道，这比参展商的宣传范围更广，但同时需要一定的针对性。

1. 专业刊登宣传

针对国内的专业观众，可以采取公众媒体以及专业性的报纸、杂志刊登宣传内容的方式，也可以邀请新闻媒体撰写相应的文章，以增强对目标专业观众的吸引力。

2. 直接邮寄

宣传人员也可根据整理与收集的数据信息，给目标专业观众直接邮寄资料进行推广，如场券与邀请函。

3. 博览会现场宣传

通过参加国内相关行业的重点博览会，直接与目标专业观众进行面对面的推广，并在相关博览会上发放大量的宣传单来吸引专业观众。

4. 网络宣传

博览会宣传人员还可利用网络的便捷性与即时性特点，在世界著名的商务网站投放旗帜广告或者公布文字链接等；通过利用自己建立的数据库或其他现有数据库资源对目标专业观众与专业买家进行电子邮件邀请，并提供网上注册服务等。

（四）会展宣传矩阵设计

在信息时代会展主办方若想利用媒体平台，最大化各平台的宣传效果，需要建立与宣传方案相匹配的宣传矩阵。在传播学中矩阵可以分为横向和纵向两种类型，横向矩阵主要指企业为了扩大宣传力度，在所有的媒体平台上进行大范围的布局，包括自有移动客户端、各种门户网站、新媒体平台（微信、知乎、喜马拉雅等媒体平台）；纵向矩阵一般指以某平台为核心，朝纵向发展，从而为每个产品线进行生态布局，如以微信平台为核心，在微信平台布局订阅号、服务号、社群、个人号及小程序等。本书中的宣传矩阵，主要指在不同新媒体平台开通相互协同的账号，搭建多种新媒体渠道组合的传播矩阵。

1. 宣传矩阵的作用

（1）多元化宣传内容。不同的宣传平台有不同的特点，如微信公众平台宣传以图文为主，微博以短文加照片为主，抖音以短视频为主。会展主办方在多个平台上建立账号进行博览会宣传，这使宣传内容更丰富、宣传形式更多元，以吸引不同受众群体。

（2）协同放大宣传效果。不同平台的宣传内容可以互补，帮助企业获得更多的流量和更大的曝光量。

（3）分散宣传风险。企业若只在某一平台进行宣传，若不幸出现"黑天鹅事件"，则会前功尽弃。宣传矩阵的建立，可以分散宣传过程中的风险。

2. 宣传矩阵的设计步骤

（1）选择宣传矩阵要素。对不同的会展宣传对象，要选择不同的宣传矩阵要素。例如，如果宣传对象普遍较年轻，宣传矩阵的要素选择要结合更多的新媒体；针对专业观众，则需注重在宣传矩阵中融入更多的专业杂志、专业公众号等。

（2）确定宣传矩阵核心。选择宣传矩阵构成要素后，需要确定以哪种宣传渠道为核心维度和主要阵地。一般以博览会官方网站为矩阵核心，当核心宣传内容变化后，其他渠道的宣传内容也会发生相应的变化。通过宣传矩阵核心控制整个会展宣传方向，因此，确定宣传矩阵核心至关重要。

（3）确定宣传维度侧重点。确定宣传矩阵核心后，要确定不同宣传渠道的主次，根据不同宣传渠道的功能，确定各维度的宣传侧重点。如选择知乎等地为口碑维度，作为博览会口碑的输出阵地；选择微博等地为声量维度，以扩散博览会的影响和知名度。根据宣传目的再考虑是以口碑维度为主还是声量维度为主。

（4）绘制宣传矩阵。在完成矩阵要素选择、矩阵核心确定、各维度侧重点确定后，就可以着手绘制宣传矩阵。

三、会展宣传预算

宣传费用与会展的整体效果和效益有很大的关系，采用不同的会展宣传方案时，预算会有较大差异。只有做好预算，考虑好宣传成本，规划投入费用，才能在不加大宣传费用的同时实现良好的宣传效果。规划投入宣传费用时，不仅要考虑宣传费用的多少，还要考虑宣传费用的总体支出水平和额度。在具体的操作中，展览宣传费用可先按照宣传渠道分别制定，编制分级预算，然后将各种渠道的预算汇总成总预算。一般来说，首届展览的宣传费用高于已办多届的展览，约占首届总收入的 20%～25%，而已办多届的展览，一般会占展览总收入的 10%～20%。

（一）会展宣传预算的内容和分类

会展宣传预算的内容包括很多方面，从前期的市场调研费用、宣传对象信息分析费用、目标参展商及专业观众数据库建设费用，到宣传策划过程中的人工费、宣传设计费，再到宣传方案投入后的媒体费用等，涉及较多方面。我们大致可以将宣传预算的费用开支做如下分类。

1. 直接宣传费和间接宣传费

直接宣传费指直接用于宣传活动的费用，如调研、策划、方案投入、媒体租用等费用，这些是与宣传活动直接相关的支出。而间接宣传费主要指博览会宣传人员的行政、劳务费。在宣传费用的构成中，直接宣传费用占比较大。

2. 固定宣传费和变动宣传费

固定宣传费指在一定时期内相对稳定的宣传费用和管理费用，变动宣传费则指在宣传期间可能因为各种不确定因素变动的宣传费用。在制定宣传费用预算时要对变动宣传费做好充足的准备。

3. 自营宣传费和他营宣传费

自营宣传费指会展主办方自身使用的直接和间接宣传费用开支；他营宣传费是企业委托其他专业宣传公司代理宣传活动的费用。能够自营宣传的会展企业，一般能亲自把控宣传费用，但由于宣传业务的复杂性和特殊性，委托专业宣传公司而付出的宣传费用一般低于自营宣传费用。

（二）会展宣传预算分配

在确定了会展宣传预算后，根据宣传计划中各项细目的要求，将宣传预算总额分摊到各项细目中。宣传预算分配工作的主要指向，一是确定宣传费用的支出方向，二是对宣传费用进行具体分摊。

会展宣传的预算分配，可以从三方面考虑：（1）按时间分配。即按照月份或季度分配预算。（2）按区域分配。即按会展宣传的主要区域分配预算。（3）按媒体分配。即按宣传方案各种拟定使用媒体分配预算。

通过绘制宣传预算表格，可以帮助会展主办方更好地控制宣传预算，同时也方便宣传效果测评和汇报分析。宣传预算的表格绘制有多种方式，可以按照直接宣传费和间接宣传费绘制，也可以区分自营宣传费和他营宣传费。常用的宣传预算表如表4-2所示。

表4-2　会展宣传预算表

宣传费用			展前	展中	展后
直接宣传费	渠道推广	报纸			
		杂志			
		自媒体			
		电视			
		邮寄			
		户外广告			
		网络推广			
		博览会推广			
		其他			
	宣传物料	纪念品			
		印刷费			
		设计费			
		其他费用			
	公关关系	公关关系活动费			
		公关关系材料费			
		公关关系管理费			
		公关关系人工费			
间接宣传费	客户拜访	销售人员人工费			
		管理人员人工费			
		其他人员人工费			
		电话费			
		差旅费			
		办公用品费			
		培训费			
		其他费用			

四、会展宣传效果测评

在进行宣传策划以及宣传方案实施后，还需对宣传效果进行测评。效果测评是展览会宣传和推广工作的有机构成部分，宣传效果测评不仅是考核宣传工作的依据，也是优化下一届宣传工作的基础。

（一）宣传效果测评的作用

1. 有利于考察促销措施的成本与收益

对会展企业来说，展览会宣传和推广是重要的成本支出项目之一。企业的营销费用究竟花在了哪些方面？这些费用取得了哪些成效？从成本与收益比较的角度考察，哪些费用花得"值"，哪些费用花得"不值"？会展企业必须非常清楚诸如此类的问题。加强宣传效果测评，是会展营销管理的重要环节。

2. 有利于会展企业选择最合适的促销手段和工具

会展宣传效果测评不仅是会展企业控制成本的需要，而且对高效率促销工具的选择同样重要。如前所述，展览会宣传和推广手段多种多样并具有不同的成本和收益。而且，不同行业的展览会通常具有不同特点，适用于甲展览会的宣传和推广组合方案不一定适用于乙展览会。组织者要根据展览会的特点开展各种宣传与推广工具有效性的调查和评估，并从中选出最适合自己的推广工具或工具组合。

3. 有利于优化下一届展览会的宣传和推广工作

会展行业的重要特点之一就是展览会通常是一届一届地举办。为使下一届展览会的宣传和推广工作少走弯路，最好的办法就是从以往各届的工作实践中吸取经验和教训。

（二）宣传效果测评的步骤

1. 确定测评目标

确定测评目标是开展宣传效果测评的前提。通常情况下，测评目标分两类：一是宣传效果测评目标，主要是测评不同传播媒介的传播效率，即目标客户主要是通过哪种媒介接触展览会的；二是宣传工作测评目标，主要是测评宣传管理工作是否按照预期的计划执行以及事前的预算与最终的宣传效果是否匹配等。

2. 选择测评方法

宣传效果测评方法可以通过企业外部的专业调查和企业内部的成本核算等途径来完成。常用的方法主要有四种：

（1）结果反馈法。从宣传策划执行之后的结果来评判宣传效果，结果往往反映在参展商招揽的难易程度、现场专业观众的人数、对博览会的知晓情况等。结果反馈法还可以用来测评不同宣传渠道的效果，从而优化宣传策略。

（2）问卷调查法。问卷调查法指组展商通过设计一系列关于宣传和推广效果的调查问卷，并让目标受众作答来考查不同媒介的宣传效果。问卷调查工作可以在展览会现场进行，也可以在展览会结束后通过邮寄进行，此外也可以在展览会网站上设置投票站进行调查。

（3）专家意见法。专家意见法又称"德尔菲法"，是现代管理学中常用的一种主观意见衡量法。在会展宣传效果测评中，专家意见法指组展商把需要专家测评的问题整理成问卷向专家征求书面意见，然后统计问卷、整理并调整与修改后再次反馈给专家征求意见，经过这样 3 至 5 次的反复，专家的意见就会趋向一致，并对需要研究的问题做出比较科学的判断。这种方法主要是基于专家的主观判断，因而最终结果可能与实际情况存在一些偏差。但是，一般说来，对那些准确度要求不是很高、同时又难以量化分析的问题，这种分析方法具有很大优势。值得一提的是，组展商在利用这种办法测评会展宣传效果时，向有关专家递交的资料背景务必翔实客观，以避免给专家带来误导。

（4）成本核算法。成本核算的主要目的是考核会展企业的营销计划与营销预算是否合理。通过成本核算可以使企业清楚地对比不同的段的投入与产出状况，为下一步宣传计划和预算的调整奠定基础。

3. 提出改进意见

对会展企业来说，测评宣传和推广工作的效果，不仅是为了评价宣传工作的成败得失，更重要的是为提高以后的宣传工作效率提出建议。宣传效果测评工作的最后环节就是以书面形式总结本届展览会宣传和推广过程中的经验和教训，并为下一届展览会宣传计划的制定、宣传预算的分配、媒介组合的选择等提出明确的改进意见。经过多年的积累，展览会的宣传和推广工作就会逐步走向成熟。

知识链接

广告有效性
模型

五、会展媒体管理

会展项目持续发展，宣传推广是不可或缺的。要想做好宣传推广，为项目和品牌树立积极健康的形象，不断扩大销售，提升企业和品牌的知名度和影响力，就离不开媒体的助力。媒体是传播信息的媒介，在人们的认知里具有一定的权威性，越是知名的、影响力大的、受众广的媒体发布的信息，越能够得到大众的信任。

（一）媒体资源置换

媒体资源置换就是建立在非竞争战略联盟的基础上，面对不同媒体资源进行置换、整合、应用的过程。媒体置换发生在有需要的二者之间，即在一方需要另一方资源的同时，该资源拥有者也需要对方的资源，因此，资源置换促成二者之间进行创新传媒资源的配对交换，从而实现双方的共赢。博览会主办方在与媒体合作的同时，媒体资源置换可以帮助博览会主办方既节约成本又达到宣传效果。

会展媒体资源置换的步骤：

1. 确定合作媒体

在进行媒体资源置换前，要进行前期调查，选择合适的媒体。一般在博览会举办前1个月或更长时间内进行联系合作为宜，若离举办时间太近会因没有合适的可置换资源而不能达成合作。

2. 确定承办单位和联系方式

博览会组织机构主要包括主办单位、协办单位、承办单位、支持单位，其中承办单位是本次活动的主要实施单位，主要负责官网建立、博览会招商、博览会现场搭建、媒体合作等事宜。一般在博览会官网留有媒体合作负责人的联系方式。

3. 合作沟通

博览会和媒体双方取得联系后，先介绍和了解一下彼此的资源优势及可置换资源，在商量合作形式后，留下联系方式，再进一步沟通。

4. 确定合作

在双方对合作意愿协商达成后，须报请相关上级领导办理合作协议盖章，之后邮寄或传真协议，逐步实施及履行合作协议内容。

5. 现场报道

合作媒体方须在博览会当天参与拍摄、报道、新闻发布。在完成展位搭建、宣传资料摆设等工作后，开展企业形象宣传，利用博览会挖掘更多合作机会。

6. 合作总结

在合作完成后，将资料存档，包括博览会照片、会刊、彩页设计原稿、合作协议电子版等，并维护好双方合作关系，便于下次合作。

（二）会展媒体管理

会展媒体管理是企业营销策略的延伸，立足于会展企业发展全局，在与宣传目标保持一致的前提下，对媒体机构进行统筹规划，使会展企业的广告传播具有整体性、系统性和连续性；是对分阶段实施的局部传播行为的规范，以确保企业的局部媒体活动不偏离宣传的既定方向与目标。具体来说，企业媒体管理是会展企业为宣传时期的媒体活动制定明确的方针策略，是对媒体选择、媒体组合、传播机会、传播目标、传播效果等做出明确的、原则性的规定，以保证会展企业宣传达到预定目标。

1. 资料收集

在宣传期间对会展企业所接触的媒体进行管理时，首先应该充分收集媒体资料，主要包括：（1）市场资料，包括媒体企业的市场规模、目标市场分布、市场需求状况、市场竞争态势及市场潜力等。（2）受众资料，包括受众的构成、人口统计特征、消费心理、购买行为及生活习惯等。（3）广告主与竞争者的资料，包括媒体企业规模、实力、市场占有率、市场分布、知名度、美誉度以及广告投入、定位特征、广告媒体选择、广告成本及效果等。

2. 策略研讨

在前期资料收集完后，要对媒体管理的基本策略进行研讨，主要包括以下方面：

（1）宣传目标。宣传目标是会展企业媒体管理的总目标，是制定媒体策略的基本出发点。只有透彻地了解会展企业的宣传目的，媒体管理才有明确的方向。

（2）目标市场。目标市场是媒体管理策略实施的着眼点，其分布、规模、市场周期形态、潜在消费量等直接影响对媒体的选择、组合和频率分配，应在研讨中确定媒体运作的原则。

（3）目标对象。目标对象是媒体选择的重要依据，包括目标参展商和目标专业观众。目标对象的社会地位、消费动态、媒体接触状况、视听习惯与视听心理取向等，直接关系对媒体的有效运用。

（4）宣传预算。博览会能承担的全部宣传费用额度直接影响宣传时期的媒体选择。具有不同宣传预算的会展企业应在预算范围内对媒体选择进行规划。

3. 确定媒体管理策略

（1）媒体的选择。不同媒体的传播价值是不一样的，即使同一媒体也会因运用方法不同而效果各异，因此要深入了解媒体的特征、传播方式以及如何有效地发挥其作用，并通过各种类比方法做出最佳选择。

（2）媒体组合。在宣传方案的实施过程中，常常要使用两种或两种以上的媒体相互合作、协调运作，以提升媒体传播的总效率，弥补单一媒体传播率的不足。

（3）媒体分配。媒体分配包括金额、频率和时间的分配。①金额分配。一般是根据会展企业的宣传战略所确认的目标市场进行区域划分，按目标百分比相应地进行广告投资。②频率分配。频率分配是在明确信息发布总量的前提下，对不同的区域和时期所做的最低和最高频率的规定，目的是合理地控制信息发布量。一般来说，信息发布的最低频率是每月4次，最高为每月8次。③时间分配。时间分配指宣传广告发布的具体时间和时段。广告发布的时间应与宣传策略、宣传目标密切结合，发布的时段则应根据目标参展商和专业观众的媒体接触习惯确定。

（4）确定媒体排期。媒体排期指在媒体上发布博览会宣传广告的时间安排。有效的时间安排取决于宣传目的、目标参展商和专业观众、宣传渠道等因素。在进行时间安排时应考虑三个因素：一是购买者流动率，即新的购买者在市场上出现的频率。购买者流动率越高，宣传广告传播次数就应该更连续。二是购买频率，即在特定时间内一般消费者购买产品的次数。购买频率越高，宣传广告就越连续。三是遗忘率，即消费者遗忘某品牌的速率。遗忘速率越高，宣传广告越连续。

本章思考题

1. 编制招展函的原则有哪些？

2. 公司近期在策划首届花博会，为了最大限度地增加展位销售量、扩大展会规模、提高展会的市场占有率，展会应当如何定价？

3. 公司正在策划经济贸易博览会，请就"如何吸引专业观众"这一问题展开探讨。

4. 对于展会，为什么要根据不同的宣传对象设计不同的宣传方案？

5. 会展媒体管理策略有哪些？请结合具体的会展活动举例说明。

即测即评

第五章　会展现场管理

本章思维导图

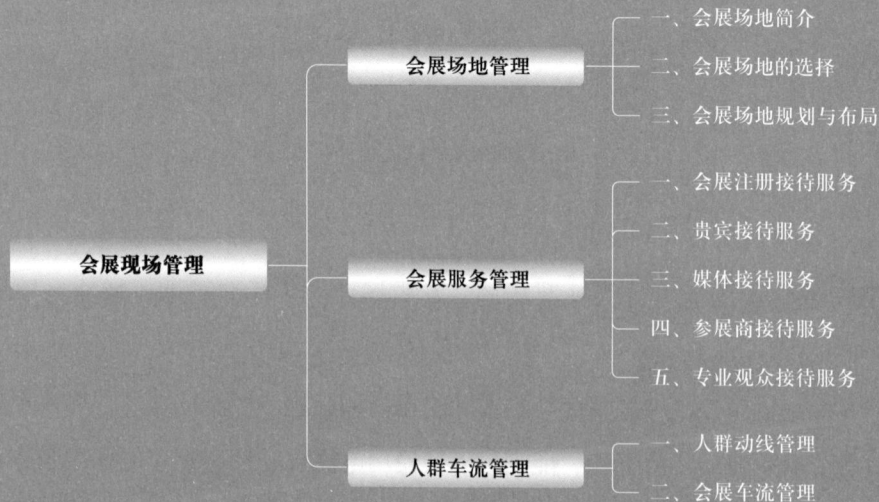

```
                                          ┌─ 一、会展场地简介
                          ┌─ 会展场地管理 ─┼─ 二、会展场地的选择
                          │               └─ 三、会展场地规划与布局
                          │
                          │               ┌─ 一、会展注册接待服务
                          │               ├─ 二、贵宾接待服务
会展现场管理 ─────────────┼─ 会展服务管理 ─┼─ 三、媒体接待服务
                          │               ├─ 四、参展商接待服务
                          │               └─ 五、专业观众接待服务
                          │
                          │               ┌─ 一、人群动线管理
                          └─ 人群车流管理 ─┴─ 二、会展车流管理
```

关键词

会展场地　场地选择与考察　场地规划布局　会展服务管理　会展接待服务　人群动线布置与设计　会展车流管理

学习目标

1.了解会展场地的类型；

2.把握活动场地的选择方法和考察内容；

3.熟悉会展场地规划与布局设计的工作内容；

4.具备会展项目氛围的营造思维以及会展项目标识系统设计思维；

5.掌握会展布展及撤展管理的具体工作内容及标准；

6.了解会展服务管理接待服务的内容及意义；

7.具备会展服务管理技能；

8.掌握会展人群动线的布置及设计要点；

9.熟知会展车流的主要类型、特征及管理工作内容。

第一节　会展场地管理

会展场地作为会展的载体，不仅决定会展项目的成败，同时也影响城市的发展。不同类型的会展项目需要不同的场地，选择什么样的场地要根据会展项目的性质、参与者的构成、参与人数和规模等因素来定。

一、会展场地简介

（一）会展场地分类

1. 不同功能的会展场地

按照功能划分，会展场地可分为标准场地、专用场地、非标准场地、特殊场地和临时场地。

（1）标准场地是为了举办会展项目而特别设计的场馆和设施。标准场地的优势在于其成本效益配套服务完善、有专业的物流管理、能满足大规模用电需求、拥有配套的餐饮服务和有经验的员工。会议型酒店、会议中心、会展中心、体育馆都是标准场地。

（2）专用场地是为了某个（类）特定的活动而专门修建的场馆。专用场地设施设备与条件好，拥有举办某活动的历史、配套服务完善、专门为举办特定会展项目而建，员工拥有某个领域的专业经验。网球场、赛车场、音乐厅都是专用场地。

（3）非标准场地是为特殊目的而设计的地方，通常是公共的，但不专门用于举办特殊活动。非标准场地的优势在于其具有美学或历史吸引力、设计有趣、成本效益（建设目的往往和旅游业有关）适中，训练有素的员工能支持活动在非标准场地的成功举办。博物馆、历史遗址、餐厅、俱乐部都是非标准场地。

（4）特殊场地指通常用于举办特殊活动的地方。场地可能位于人流密集的地方、可见性高，可以提供具有设计感或历史意义的环境，同时具有一种特殊的氛围，区位得天独厚。住宅、街区、购物综合中心都是特殊场地。

（5）临时场地指为了某个会展项目临时搭建起来的场馆，例如在某个广场中搭建的展台和展位，或者在旅游景区与传统村落临时搭建的会场。

2. 不同规模的会展场地

按照规模划分，会展场地可分为大型会展场馆、中型会展场馆和小型会展场馆。

大型会展场馆规模庞大，室内展览面积通常在 15 万平方米以上，一般用于举办大型国际性会议和综合性展览活动，如深圳国际会展中心、上海国际展览中心等。

中型会展场馆规模适中，室内展览面积通常在 5 万至 15 万平方米，一般用于举办区域性国际会议、大中型行业会议和行业性展览活动，如长沙国际会展中心、昆明国际会展中心等。

小型会展场馆规模较小，室内展览面积通常小于 5 万平方米，一般用于举办地区性会议和地区性、专业性贸易展览活动，如广州锦汉展览中心、广州百越展览中心等。

案例分析

青岛啤酒节的
场地设计

（二）常用的会展场地

1. 酒店

酒店能提供会议、住宿、餐饮、休闲娱乐等综合服务，是众多会展组织者优先考虑的场所。不同酒店的规模和会议场地在面积和服务品质方面不同，但通常都能够提供多样化的会议场所，包括大宴会厅、小型会议室、餐厅、酒廊等。其中，大宴会厅通常是整个酒店的主要功能区，大多可以被轻型隔断分开，能满足不同的面积和功能需求；小型会议室能为小规模的会议讨论提供场地；有些餐厅不仅能提供餐饮服务，也可以根据会议需要调整为会场；而酒廊、大堂吧则可以用于组织鸡尾酒会等活动。相比会展中心等专业场馆，很多酒店都有高档的装修、良好的环境氛围，可以在游泳池、露台、中庭和花园等场地举办各类社交活动。许多度假酒店都有经常用于举办活动的户外庭院和游泳池区域。除了利用室外场地，合理使用走廊或会议室的门厅等作为迎宾区，也可作为附加活动场地。一般情况下，茶歇、注册台、酒吧会被设置在迎宾区，便于提供必要的服务。

2. 会展中心/会议中心

会展中心或会议中心是为大型的会议、展览会等活动而设计的，传统的会展中心往往只包含会议和展览设施，而没有可住宿的房间，餐饮等配套设施也较为简单。近年来，很多会展中心和会议中心朝着拥有酒店、休闲和商业配套等多种功能的综合方向发展。

3. 特殊场地

演艺中心、露天剧场、竞技场、体育场馆、市民广场等经过精心布置后都能作为会议和展览的场地使用。然而，这些场地往往没有专业的会展中心或者酒店那样配备相应的服务设施和服务人员，策划和执行团队需准备会展设备和各类用品。除此之外，历史遗迹及文化街区、建

材市场、海边沙滩、露营地、屋顶、停车场、主题公园、创意园区、艺术画廊、咖啡店、书店、仓库、教堂、农场、果园、水族馆、博物馆、大学礼堂、学术报告厅、菜市场等都可作为特殊场地，用于提供不同的活动体验。

案例分析

平遥摄影展将一座古城作为展馆

二、会展场地的选择

会展场地的选择与考察是成功举办会展项目的重要环节，会展策划者要对参与者、备选场馆进行实地考察和分析，以确保符合参与者的各类需求。

（一）场地的选择方法

场地条件直接影响活动的组织与开展，而不同的活动对场地布局有不同的要求。策划者经常要对多家场地进行综合比较，掌握更多的活动场地情况以及详细的场地设施与服务信息。在选择场地时，策划者应重点考虑以下内容：（1）场地的功能是否可以满足会展项目内容的要求，交通、停车场、餐饮及灯光音响等辅助功能应尽可能齐全；（2）场地的外观和环境氛围要符合会展项目的特点；（3）场地的布局要适合会展项目的组织和管理，并与会展项目的规模相适应；（4）出入方便，位置易找，特别是重要会展项目更要放在观众视线关注的位置；（5）每个区域都有独特的色彩计划，以区分不同的会展项目特色，同时尽可能采用非常经济的手段进行色彩规划；（6）场地在处理火灾、断电等意外事故方面要有必要的应对措施。

总之，在选址时要考虑的因素很多，总体策略是以尽可能低的成本找到最能满足活动与观众需要的场地。策划者在选择场地时必须综合考虑以下因素。

1. 展馆地理位置、周边设施及交通条件

对展览面积在 2 万平方米以下、观众为市民的消费类会展项目，可以选择位于城区、公共交通便利的小型展馆；而对展览面积在 5 万平方米以上，甚至超过 10 万平方米的大型或特大型会展项目，最好选择室内的大型或特大型的、位于郊区的展馆。在选择大型展馆时要注意的是，有的展馆因投用年限较短，周边设施及公共交通未能配套齐全，这对参展客商就近住宿、消费以及观众前来参观产生诸多不便。在城市公共交通条件中，地铁等轨道交通对大型会展项目的观众集散十分重要。而临近高速公路、有大型停车场的展馆，对需要长途运输的重型、大型展品（如机床、拖拉机等）会比较便利。另外，会议配套较多或会议档次较高的会展项目对会议设施以及与会者住宿的要求，也是主办方选择展馆时必须考虑的。

2. 展馆建筑设施功能及物流条件

金属加工设备、汽车等重型展品对室内展馆地面有承重性要求，一般不便在多层建筑结构的展馆楼上展示。有些工业设备（如机床等）需在会展项目现场开动，这对展馆用电、用水、用气以及室内空间高度有特殊要求。大型、重型展品在被运进展馆、送达展位时，一般是由货运汽车先送达馆内，再由吊车或叉车吊运至展位。如果展馆物流通道狭窄，馆内建筑立柱较多或空间高度有限，则无法布置大型、重型展品。在 2000 年之前修建的展馆很多建筑设施功能不适合布置大型、重型展品。此外，大型建筑机械（如履带式起重机、打桩机、挖掘机等）或采矿机械（如钻机、破碎机等）参展，一般只能在展馆的露天广场进行展示。

3. 租金与服务费

场地租金在会展项目成本中的占比较高，通常大型项目的租金占比为 15％至 20％，小型项目的租金占比为 25％至 30％，故选择场地时要重点关注租金的价格。此外，在促销时，展馆经营方在服务收费方面会提供一些优惠，包括延长布展期间免费加班时间、展馆广告位、会议室、停车场、仓库免费／减费使用等。

4. 展览档期

展览档期即主办方租赁展馆用于举办会展项目的时间，包括布展、开展和撤展的时间。展览档期最短为 3 天，最长为 15 天。其中，较为多见的是 5 天。主办方在 5 天的档期内一般安排布展 2 天（实际可连续使用 57 个小时），安排展出 3 天（累计约 23 个小时），安排撤展约 10 个小时（一般在第 5 天的 15 时撤展，展品、物品与人员至当晚 0 时前撤离展馆）。每年的 3 月至 5 月和 9 月至 11 月为展览旺季。因为春秋两季气候宜人，适合人们出行；此外，春秋两季通常是企业订货时节，参展恰逢其时；而且在春秋两季无须在展馆内使用空调，主办方可以减少开支。在具体档期的选择上，会展项目的主办方的安排各不相同。消费类展览一般在双休日进行，而专业类展览则需避开双休日。对于同主题会展项目，在二线城市主办时，通常与一线城市的大型会展项目错开时间。由于在一线城市档期密集，大型会展项目档期一旦定下后很难变更，故一些新的会展项目为在一线城市的市场立足，不得不在淡季举办。

5. 场地提供方的服务品质

主办方对场地提供方的服务品质的要求通常反映在三方面，即主办方现场布展、撤展的物流、搭建、仓储、展具租用、疫情防控、安保、保洁、供电等服务事项对接顺畅。在事务对接中，场地提供方须体现专业服务水准。场地提供方要主动与主办方协调配合，尽可能地满足参展商的需求。在配合中，场地提供方要体现良好的服务态度。同时，场地提供方要尊重主办方自行选择标准展位搭建、地毯铺设、展品物流、展期餐饮服务供应商的权利，不得强制地搭配销售（绑定销售）服务。

考虑以上因素，会展新项目、老项目或巡回项目的主办方在选择展馆时各有侧重，例如：（1）商业机构举办的新项目，通常从小馆起步控制成本，以图稳定发展。若是政府展览项目，因强调首届规模，一般选择在大馆举办，而且有明确的档期要求；（2）老项目在规模扩大后，主办方一般不会轻易调整展馆或变更档期。除非是原用展馆已不适应项目发展需求，或因租金价格优惠迁址新馆；（3）对于巡回展项目，主办方一方面要考虑展览规模与展馆容量、建筑功能的适配性，另一方面要考虑巡展举办地政府是否给予资金补贴。

（二）会展场地考察

1. 会展场地考察的主要内容

（1）基础设施。基础设施是在选择会展项目地点时必须要考察的内容，如会展项目场地的容量是否足够大，是否有会展项目所需的各类器材，是否有齐备的照明、视听等现代化设施等。

（2）服务设施。对会展项目地点服务设施的考察内容主要有：是否有方便快捷的交通工具；是否有种类齐全的娱乐设施；停车场的位置与规模；是否有商店；电梯、公共卫生间及其他公共区域是否干净整洁等。

（3）住宿条件。对持续时间不止一天的会展项目须安排住宿，因此，要对会展项目场地或附近的住宿情况加以详细考察。考察的主要内容包括：客房数、房型、客房到会展项目场地的距离与交通便捷性、上网设备、禁烟要求、入住与退房等相关规定、客房条件与安全设施等。

（4）餐饮。会展项目场地的餐饮服务能力非常重要，因为餐饮往往影响参展商与观众对会展项目的整体评价。考察的主要内容包括：公共区外观是否清洁；餐品的卫生状况；餐厅工作人员的态度是否热情；餐厅能否提供有效、快速的服务；餐饮价格是否合理；菜系类别、能否提供独特的茶点及与会者特殊要求的食物；是否具有举办主题宴会的能力等。

（5）场地工作人员。针对会展项目的场地工作人员的考察内容主要有：服务人员是否需要特殊培训与指导；安保人员与服务人员是否友好；接待人员是否足够；询问处工作人员是否全天值班；服务人员做事的效率如何等。

（6）安全性。安全性是会展项目场地考察的重要内容，主要包括：会展项目场地是否设置了火灾报警系统，是否配备灭火箱，是否有应急预案；安全通道状况；安保能力等。

（7）费用。费用包括会展项目场地的各类收费标准及收费方式，例如，工作日与周末的收费标准是否不同；是否可以提供免费使用的工作房间；是否需交纳定金以及缴纳金额等。

2. 会展场地考察的主要指标

在考察会展场地时须重点关注以下指标：场地地理位置、场地风格、各类场地报价、会场的数量与造型、各类型场地面积、场地容纳人数、客房数量、菜系、灯光设备、视频设备、音响设备、停车场车位数量等。

三、会展场地规划与布局

会展场地平面图是组织者对外开展销售的基础，有时也作为销售合同的必备附件，其作用是说明客户所预订展位或座位的具体位置，以及介绍各类配套服务设施的布局与安排。绘制会展场地平面图必须先对会展场地进行规划与布局设计。

（一）会展场地规划

编制会展场地平面图前要向场馆方索取场馆平面图标准图（底图），划分功能区，为各功能区编号，再进行平面图制作。

1. 场馆平面图标准图

场馆平面图标准图必须标明场馆与展览会有关的数据，包括实用面积、室内净空高度和限高、地面承重、标准展位之间通道、人员及货物进出通道、卫生间的位置、消防设施的位置等。

2. 划分展区

主要依据展品类别来划分展区，一个专业题材的展区可能只占用某一个场馆的一部分，也可能占满一个甚至几个场馆；当确定展区后，还要根据场馆的场地特征等情况来划分展位。划分展区时应遵循以下几条原则：（1）展区划分的主要标准是展品所属的专业题材，以增强展览会的专业性；（2）有助于提高参展商的展出效果；（3）便于观众参观和疏散；（4）便于展览会的现场管理和服务；（5）有利于充分利用展览场地。

在划分展区的同时，还要规划好停车场、出入口、洗手间、楼梯和现场服务设施，以便参展商和观众在选择展位或制定参观路线时能更快、更好地做出决定。

3. 初步布置展位

会展项目主办方应根据题材性质和具体需要，在场馆方提供的平面图底图基础上设计本展览会的展位平面图，即按标准展位的尺寸（一般为 3 米 ×3 米）和消防要求，初步布置展位，之后对所有展位逐一编号，以便在销售时与客户确认，并在销售合同中注明。对于不适合布置标准展位的部分展览空间，应在展位平面图中标明具体尺寸，以供客户选择。按国际惯例及国内消防要求，展位之间通道的宽度不应小于 3 米（一般为 4 米，主通道一般为 6 米），消防设施和消防通道不得被展位遮挡或堵塞。

4. 展位编号

在对展位进行编号时，一般是根据场馆的空间布局，从展厅参观入口开始，按顺时针方向从第一个展位到最后一个展位，用阿拉伯数字依次编排。例如，001、002 直至 101、102…；如果展厅较多，则可以在 3 位数的展位号前加上汉语拼音或英文字母以示区别，如 A001、B001 等。对用于特装展台的大面积光地（一般指 72 平方米以上场地），可以不按标准展位编号，而直接为该块光地编号。

5. 编制与发布

展位平面图设计完成的时间，一般应在展览会销售工作启动之前。设计完成的展位平面图，应印制图纸，作为参展邀请函的内容和展位销售合同的附件，供展览会宣传以及销售人员与客户商定展位位置时使用。许多主办方也将展位平面图（或以电子版的形式）发布在官方网站上，点击进入想要预览的展馆后，我们可以预览该展馆的整体展位示意图。观众同时可以进行以下操作：预览该展馆的整体展位示意图；根据展位编号搜寻目标展商；根据产品分类搜寻目标展商；根据展位面积搜寻目标展商。

（二）会展场地布局

1. 展区布局

展区是对会展项目中展馆的功能区分，会展项目一般都要按展品类别划分展区，一个专业题材展区可能包括一个或几个展馆，也可能是一个展馆的某一部分。在每个展区里，还要根据场馆的场地特征划分展位，决定哪些地方将搭建特装展位，哪些地方将搭建标准展位，两种展位各需要多大的面积。合理地划分展区和展位，对会展项目招展，更好地吸引目标观众，提高参展商的展出效果，进行会展项目现场服务与管理等具有十分重要的作用。

展区一般是按照专业题材进行划分的。如第四届软件交易会，办展机构将之划分为通信产品及技术展区、信息化应用展区、软件出口及外包展区、教育培训展区、卡通动漫多媒体展区。

2. 展位划分

展位划分比展区划分更加复杂，也更加详细。按照不同的划分标准，有不同的展位分类。根据展位的装修和硬件设施的配置程度，展位分为标准展位、特装展位和光地。标准展位通常指 3 米 ×3 米的展位，包括铝合金支架和三面围板、满铺地毯、两只射灯、两把折椅、一张问询桌、一个纸篓、一个 220V/500W 电源插座，在楣板上有中英文公司名称。特装展位是在标准展位的基础上，根据参展企业的设计要求进行专门布置和装修的展位，没有统一的风格和式样。介乎标准展位与特装展位之间的是标准展位变形，标准展位变形是在标准展位的基础上，稍加形象变形以达到更好的展示效果，提升企业形象，方便展商展示。标准展位变形的费用比特装展位的费用低，但又比标准展位醒目，深得参展商的喜欢。光地展位就是只提供展览用地，配套设施费用另计的展位。

根据展位与人流集中区域的远近，展位可以分为转角展位、大厅入口处展位、餐厅区域展位、"书店"位置等。转角展位在展厅过道的两端，人们可以从 2 个方向看到展台；大厅入口处展位面对着大厅的入口处，参会者在进入展厅时可以首先注意到这些展位；许多展览会都会向参会者提供餐饮服务，这样参会者在进餐时间也不会离开大厅，餐厅区域展位的人流量比较大，许多参展商比较喜欢靠近餐厅区域的展台；展厅内有关协会的"书店"或参会者能够看到和购买机构及行业出版物的地方，即"书店"位置，与餐厅区域一样，这里的客流量较大，较受展商欢迎。

根据展位的开口数，展位可分为单面开口展位、双面开口展位、三面开口展位和四面全开口展位。单面开口展位指只有一面没有围板，面向通道。双面开口展位也叫转角展位，有两面没有围板，这样的展位一般位于每行展位的顶端，两个相邻的方向都面对通道，这样可以更多地接触参观者。三面开口展位也叫半岛形展位，是有三面没有围板的展位。四面全开口位也叫孤岛型展位，是指四面没有围板的展位。三面开口展位和四面开口展位一般处在展厅中心位置，人流流动性相对较大，展出面积比较大，布展效果好，因而价格也高。另外，根据展位所处楼层，还可以将展位分为一楼展位、二楼展位和三楼展位。一般而言，展位楼层越高，展位价格就越低。

3. 展区与展位的划分原则

划分展区与展位是招展工作中的一项基础工作，也是制定展览价格的前提，展区的划分一般是按照展品的类别，展位的划分则主要依据展览场地的特征来确定，参展商一般可以根据自己的要求选择自己需要的具体展位。展区与展位的划分须遵循以下原则。

（1）以展览题材为依据。展区的划分以展览题材为依据，首先，将同类展品安排在同一个区域内展出；其次，根据题材的特点安排具体位置和确定展览面积，因为不同的展品可能对空间、地面承重等有不同的要求。

（2）以提高参展商的展出效果为中心。展区和展位的划分既要符合展览题材的特点，又要考虑参展商对展位的搭装效果，还要考虑布局便于观众参观，由此提高参展商的展出效果。

（3）要以便于观众参观展览为目的。展览的目的是让更多的观众参观、比较、洽谈，因此展区和展位的划分，要使对某类展品感兴趣的观众能够很方便地找到展出该类展品的所有展位，与该类展品有关的产品也能在邻近的展区里找到。

（4）要有利于展览现场的管理和服务。展区和展位的划分要注意对展览场地的充分利用，不要出现闲置的展览死角；要合理安排功能服务区域，如登记处、洽谈区、休息区、新闻中心等；要保证展馆的消防安全，便于在遇到紧急情况时及时疏散人群；要方便展位的搭装和拆卸，方便展品的进馆和出馆。

（5）要有利于提高展览会的档次。展区和展位的划分直接影响参展商和观众对会展项目的印象，如果标准展位和特装展位的分布杂乱无章，各种展品的展位混杂，即使展览的规模很大，也会被认为档次不高。因此，展区和展位的划分要合理、专业，给人好的印象，这将有利于提高展览会的档次。

4. 展区与展位划分的注意事项

展区和展位的划分不仅会影响会展项目的整体效果，还会影响组展单位、参展商、观众以及展台搭建的会展项目服务商的活动，如组展单位对会展项目现场的管理、各参展商对具体展位的挑选、观众参观会展项目是否便利、会展项目服务商是否便于为参展商服务等。展区和展位的划分对会展项目来说真可谓"牵一发而动全局"。因此，在划分展区和展位时，要注意以下问题。

（1）要注意统筹兼顾。在划分展区和展位时，要在以办好会展项目和符合会展项目需要的前提下，对会展项目所有的展位进行统一规划，在安排时兼顾组展单位、参展商、观众以及会展项目服务商的利益和便利性，如果忽视了某一方面的需要，就会给相关方面带来不利的影响，并由此造成连锁反应，进而影响整个会展项目的效果。

（2）要因地制宜。展区和展位的划分，要充分考虑展馆的场地条件，因地制宜。例如，如果展馆里有柱子，就要考虑不能将柱子划在某个展位里面。又比如，不同参展商对自己展位的具体形状要求不同，有的参展商希望展位是岛形的，有的希望是通道形的，有的希望是道边形的，在进行展位划分时要充分考虑这些需求。然而，在划分展位时，如果只是注意满足某些参展商的需求而不注意会展项目整体，场地就会出现一些"死角"。

（3）不能遮挡展馆的服务设施。展馆里的一些服务设施是会展项目安全的重要保证之一，要保证任何展位都不能遮挡展馆里的一些重要安全设施，如不能遮挡消火栓、不能堵塞消防和安全通道、不能遮挡电箱等。

（4）要注意适应参观人流的规律。会展项目参观人流的形成和流动有一定规律，参观人流是进行展区和展位划分时要充分考虑的重要因素之一。在展馆入口处、主通道、服务区和大的展位前的人流比较多，容易形成大量的人群围观某一个展位或展品，在这些地方留出一定的区域供参观人流疏散，展场的各种通道要达到一定的宽度以便参观人流通过。

（5）要合理地安排会展项目的功能服务区域。一个会展项目除了最主要的展示区域，还需要一些功能服务区域，如登记处、咨询处、洽谈区、休息区、新闻中心等。尽管这些区域的面积一般都不大，但对会展项目整体而言十分必要，在划分展区和展位时，不能只考虑对会展项目展示区域的划分而忽视了对功能服务区域的统筹安排。关于会展项目布置设计的原因有很多种，如经济的发展以及设计理念的进步，更有利于吸引一些潜在的客户前来参观其展位。

做好会展项目的场地规划与布局之后，开始进行会展项目布展及现场氛围营造。在国内，现场氛围的营造常常被忽视，但会展项目场地体验对参展商的重要性不言而喻，"会展项目是一种体验式营销"，这一点也越来越被行业认可。因此，会展项目氛围应当被重视。

完整的活动现场工作有场地布置、活动开展和场地撤离三个阶段，其中，活动场地布置是现场工作的开始，撤离完毕标志着活动现场工作的结束。尽管不像活动开展期间那样光鲜热闹和备受关注，但场地的布置和有效撤出工作十分重要，尤其是场地布置需要多方面的沟通协调。

（三）会展现场氛围营造

1. 会展项目现场的配套设施

要营造良好的会展项目氛围，策划者要掌握视觉、听觉等元素的设计对人的影响规律。布置会展项目现场的配套设施的目的之一就是借视觉和听觉效果来烘托现场的整体氛围。会场布置品主要有两个作用：（1）引导。例如路标牌、桌号牌、条幅、广场上空的气球等，这类布置必须要清晰、简洁、醒目；（2）烘托气氛。如室内背景板、照片墙、展品的摆放、会场灯光的颜色和亮度、音乐的音量和旋律等。策划人员要考虑布置品的表达主题、呈现形式、设计内容、尺寸和摆放位置。在营造会展项目的现场氛围时并不一定要花费大量的金钱，但要花心思、细致入微，它充分体现了策划者的创新和整体规划能力。

2. 展台的设计与搭建

会展项目的现场氛围与展台的呈现有直接关系。展台设计要有特色和灵魂，什么样的展台设计才能吸引眼球，让人有记忆点呢？展台设计给人的第一印象应当能带来视觉上和感官上的轻松愉悦。因此展台设计需要各种元素的搭配及色彩协调，切忌元素过于密集、色彩纷杂。在会展项目期间，不同颜色的展台容易让观众出现精神疲劳，展台设计师要用艺术手段组合展台的各种因素，使其产生最佳的视觉效果和良好的心理效应，这也是展览设计的基本要求之一。当下的展台设计讲究简约与实用，对展台设计要适度做减法才能更好地烘托会展项目氛围，给观众更好的参观体验，具体来说，展台的设计与搭建应当满足以下五点。

（1）突出展示主题。各个展览会都有展览主题，主题突出的展台设计更能打动观众，这也是会展项目设计中吸引眼球的关键之处。

（2）注重展台的感官形象。会展项目现场人流比较大，展台的设计与搭建不仅要有较好的视觉效果，也要注意展台的搭建材料是否残留异味，一定要及时消除异味，气味刺鼻的环境氛围会极大地影响观众的参观体验和停留时长。

（3）引用多媒体介绍产品。多媒体介绍产品能带动展台的氛围，相对来说，更易吸引参观者的注意力，这种展示形式也更容易引起采购商的注意力。但是声音不能过大，以免引起观众的反感。

（4）展示空间合理布局。展台的展览设计要方便人员流动，方便观众参观。展示空间的布局设计很重要，除了展示产品和道具的区域，还要在展台上安排合适的洽谈区域和储物室。

（5）注意展台照明。会展项目现场可以通过灯光营造舒适的气氛，但温度过高的灯光会让展台上的人非常不安，不利于参展商与观众间的交流和互动，因此尽量选择冷光灯。此外，尽量使用较高色度的光源，明亮的展台更有利于观众欣赏展品。

3. 安排会展项目现场活动

在会展项目现场举办一些活动，活跃现场的氛围。从主办方的角度来讲，主办方要办好展览会的开幕式和闭幕式，注重会展项目的仪式感；在会展项目具体日程安排中，可以适量安排节目表演；在观众到馆后，举办有现场抽奖机会的活动等。从参展商的角度来讲，参展商在活跃会展项目气氛的同时，又是对自身的宣传，能吸引观众来展台参观。具体的措施包括参展商在展台前派发礼品，安排节目表演和演说，举办现场抽奖送优惠活动等。

4. 会展项目基础设备的正确使用

（1）会展项目基础设备，如灯光、音响、排风系统、空调等，直接影响会展项目现场的氛围及参展者的感官体验，需专业的人员对这些设备进行调控。

（2）灯光。会展项目现场通过灯光可以更好地展示展品的特色、烘托展台氛围。灯光设计须从实用和美学两个方面考虑，比如：灯光设计是否与活动的主题吻合、对供电有什么要求、灯光在电路方面是否会干扰音响、是否有架设位置、活动流程需要什么样的灯光变化效果等。

（3）音响。在活动中使用音响设备的主要目的是让观众清晰地听到声音，如演讲、解说、音乐等，但是一定要把握好度，若音量太大或声音嘈杂，则容易引起参观者的反感，这是对现场氛围的一种破坏。

（4）排风系统。应保持展馆内空气流通，会展项目在营造活跃的展览氛围时应当具备基本的设备条件。否则，在人头攒动且封闭的展馆内，容易使大家胸闷头晕，影响参展体验及参展时长，情况严重时还可能诱发生理疾病。

（5）空调。尽管会展项目多集中在春秋两季举办，气温相对舒适，但也不能减少必要的空调使用，仅仅为了减少展馆的办展成本。主办方应当实时检测展馆的温度，把室内温度调节在舒适的范围，这样才有利于会展项目的现场氛围。

5. 道具和装饰

在会展布景时会用到舞台道具、装饰植物等器材和物品，要对这些要素进行巧妙安排以烘托活动的主题和气氛。

按照使用性质，可将道具分为装饰道具（如吊灯及各种室内摆设）、手执道具（如挎包、皮箱、手杖等）、消耗道具（如食物、饮品等）以及实用道具（如椅子等）。此外，舞台道具的设计风格、布景、灯光及服装的风格应该是一致的。

除上述具体内容之外，主办方要注重对会展项目整体氛围的营造，包括会展项目会徽及会标的设计、入口处的会展项目标识和引导、场内及外围整体的氛围感、现场装饰及布置与会展项目主题的一致性等。

（四）会展标识系统设计

由于会展场馆往往规模庞大，而且参展的车辆和人员大多都是初次抵达，且停留时间短暂，对场地、交通可能不熟悉和不适应，这就应有标识系统来提供引导。在展馆内外及周边均应设有明确、清晰、高效的标识系统，有助于来访者顺利抵达目的地。尤其重要的是，标识指引要简约易懂。

导向标识系统通过数字、字母、图案、色彩等鲜明的形象清楚地表明各个场地和建筑物的性质和方位，利用标志指引方向，尤其是在展览场馆以及会议场所，能清晰地展示场馆、会议室以及配套设施的位置，这种视觉形象系统便于参展人员、布展人员、观展人员尽快找到自己的目的位置。

从导向标识的功能来看，它包含四个类别：识别性标识、诱导性标识、说明性标识、管理性标识。

1. 识别性标识

识别性标识是表示事物本身的标识，说明事物最基本的标识信息，能提供对特定目标的认知及辨识。此类标识是会展场馆的特色要素之一，是给来往人群留下完整形象和深刻印象的重要手段。识别性标识一定要让所呈现的信息易于被来往人群看到、看清，让人获得重要的信息提示。

2. 诱导性标识

诱导性标识是从功能需求的角度为参观者设置的，是将参观者引向特定方向或目标的标识，通常以箭头、线条、线标和名称结合的方式呈现，对展馆区域的目标进行连续性、序列性引导。此类标识主要在行动路线上使用，一般配置数量较多。诱导性标识要能一路指引观众从起点到目的位置。

3. 说明性标识

说明性标识是对展馆区域相关信息的说明，是展馆环境和导向受众之间的沟通载体，主要表达事物的具体内容、相关规范、操作方法、预告及活动时间等信息。

4. 管理性标识

管理性标识是对行为的规范性标识，是对不同的空间和人群使用的相应标识。此类标识主要有告知、明示、劝说、禁止、指令、警告等特征，能起到预防事故、规范行为等作用。管理性标识要简单明了，可以适当地采用图片、符号帮助参观人群理解标识的含义。

一般来说，在城市外围的高速公路出口、城市的主干道以及会展场馆所在地，均应设有大量的会展场馆标志或醒目的徽标指引道路。几乎所有会展场馆都有一个地标性高塔或特色建筑，这些塔楼一方面可以作为整个城市的地标象征，另一方面在会展场馆内部也是视觉中心，是定位的最佳坐标。

除主要的展馆、登录厅、停车场的区域外，在城市道路会展出入口、交通设施出入口（公交、轨道交通、出租车等）、公共环境、露天展场、会议中心、多功能厅、商业区域、餐饮服务、公共配套服务中心等也应设置相应的标识。

按导向标识系统使用的摆放位置，可分为立地式垂直交通导向标识、垂直交通导向信息、附壁导向信息、吊挂导向信息、吊挂场馆号指示标识、附壁场馆号指示标识等。

（五）会展布展管理

布展工作一般在会展项目开幕前几天进行，时间长短要根据活动的性质和规模而定。例如，大型汽车展或机械展往往需要三四天甚至一个星期的时间，而以消费品或珠宝首饰等展览通常只需要一两天的时间。对主办单位而言，布展就是对活动现场环境进行规划，对活动场馆进行功能分区，对参展商、搭建商、赞助商、运输商等有关工作进行协调和管理，从而为活动的正式开幕做好准备。布展工作的主要内容如下：

1. 搭建展台之前

（1）在搭建展台之前应到相关管理部门办理相关手续。到工商、消防、公安和海关等部门报批和备案，并办理有关手续（对有特殊需要的大型国际展览会，还应邀请这些部门现场办公）。

（2）与指定搭建商和运输代理商协商。共同讨论和预防在展台搭建、展品运输过程中可能出现的问题。

（3）安排餐饮、旅行等服务商。预先安排展览会现场的各项服务设施，其中，餐饮服务在搭建展台期间便可向参展商提供。

（4）争取其他部门的支持。在必要时还要争取卫生、银行、交通、知识产权等部门的支持。

2. 搭建展台期间

当会展项目招展和招商工作已经接近尾声，会展项目开幕日期临近时，就要迎接参展商进馆布展。从参展商的角度来看，布展是为准备展览而在会展项目开幕前对展位进行搭装、布置和陈列展品的一系列工作；从会展项目的角度来看，布展指对会展项目现场环境进行布置和对有关参展商的工作进行协调和管理。

会展项目布展是会展项目开幕前的现场筹备工作，一般在会展项目开幕前几天进行。不同题材的会展项目需要的布展时间长短不同。会展项目布展时间的长短主要取决于展览题材及展品的复杂程度。会展项目规模的大小对布展时间也有一定的影响，会展项目规模越大，其需要的布展时间往往越长。对一般的会展项目，布展时间常常在 2~4 天。

在会展项目布展正式开始后，要对布展工作进行全面协调和管理：

（1）展位画线工作

按照参展商租用的场地面积和位置画好每一个展位的地域范围，确定每一个展位的具体位置，方便参展商在自己租用的地方搭建展位和陈列展品。展位画线工作涉及每一个参展商展位的具体位置和面积大小，办展机构要认真仔细，一丝不苟，要按照事先对参展商的承诺如实办理。

（2）展馆地毯铺设

在展馆按计划铺设地毯，如展馆的公共区域、某些标准展位等。地毯铺设一定要紧贴地面，要美观，不能妨碍行人通行。

（3）参展商报到和进场

参展商凭合同及其他有关证明到会展项目现场报到，付清各种款项，领取相关证件，办理进场手续。

（4）展位搭建协调工作

特装展位一般由参展商自己搭建，会展项目主要负责搭建一些标准展位。会展项目要监督所有的承建商按会展项目要求搭建；对展位搭建中的各种问题，要及时协调处理。

（5）现场施工管理和验收

会展项目要派专门人员管理各承建商的现场施工，如对现场用电、用火、噪声、展位高度控制、电线线缆的安装和走向、灯光的设计和使用、搭建材料的防火性能、展位之间通道宽度控制、重型机械的地面承重控制、标准展位的标准配置等进行及时查验，避免施工现场秩序混乱和出现安全隐患。

（6）海关现场办公

对海外参展展品要及时办理海关通关手续，如果海外参展比例较大，可以邀请海关现场办公。对所有海外参展展品，会展项目要陪同海关进行现场抽样查验。

（7）展位楣板的制作、安装和核对

参展商展位的楣板上有参展商的单位名称和展位号，有的还有参展商的企业标志或展品商标。这些内容对参展商非常重要，不能有丝毫的差错，会展项目要派专门人员认真核对。

（8）现场安全保卫工作

在布展期间，现场人员众多，各单位布展施工涉及用水、用电，有一定的危险性。会展项目要负责一般安全保卫工作，但对参展商的展品丢失、损坏和人员以外伤亡等不负责任。为保护展品和人员安全，参展商一般还要为自己的展品和员工投保。

（9）消防和安全检查

在所有的展位布置完毕以后，会展项目还要陪同消防和安保部门对所有的展位进行一次全面系统的检查，以保证会展项目符合消防和安全要求，彻底清除会展项目现场的安全隐患。

（10）现场清洁和布展垃圾的处理

会展项目在布展时往往会产生大量的布展垃圾，要将这些垃圾及时收集和运出展馆并进行处理。

上述布展工作结束以后，会展项目的现场布置就已基本就绪。在布置好开幕现场、序幕大厅、观众登记处、活动现场和其他服务网点之后，会展项目就可以按计划如期举办开幕式了。

案例分析

会场布置

（六）会展撤展管理

闭幕式标志着一次活动的正式结束，但活动现场管理工作还有一项重要内容，即撤展管理。撤展工作有两个基本要求：一是将所有展品、设备等移除，二是将活动场地恢复为场馆原来的样子。

经主办方统一设计并搭建的标准展台由主场承建商统一撤除，参展商移走展品、清理现场即可；而由参展企业自行搭建的展台，撤除工作通常由搭建的施工公司负责撤除，双方的委托合同条款对此应有规定。为维护撤展现场的秩序，使各参展商安全、快速地撤展，会展项目主办方有必要对撤展进行时间管理：将撤展的确切起止时间及时通知给参展商；让参展商理解撤展时间的不可变更性；规划和维护撤展现场的秩序。撤展期间的主要工作内容及标准有：

1. 拆除展台

在展览结束后须安全拆除展位，恢复展览场馆原貌。在展台拆除前应先切断展馆总电源，在展品下架后再进行展位拆除。对标准展位或由参展商委托施工的展台，由指定搭建商负责拆除；特装展位的拆除则由参展商负责。

2. 退还展具

展览完毕，各参展商临时租用的展具要及时退还给展馆服务部门或搭建商，退还时应避免展具损坏。主办方要协助参展商顺利退还展具，并协调各方面的关系。

3. 处理展品

展览结束后，参展商要提前做好展品的处理计划和准备，参展商处理展品的常用方法有出售、赠送、回运和销毁四种，必要时主办单位应提供协助。

4. 展品出馆

展品出馆实行"放行条"控制，严格执行出门证管理制度。对于需出馆的展品，参展商先要去组展方办公室申请"放行条"，待组展方相关人员检查展品与"放行条"一致后才准许其出馆。

5. 展场清洁

组展方或其指定的搭建商要及时处理在撤展过程中产生的垃圾，恢复展馆原貌，不能弄脏展馆地面和其他相关设施。

6. 安全保卫

会展项目撤展往往比较杂乱，组展方一定要做好撤展现场的安全和消防保卫工作，定时巡逻，及时消除各种安全隐患。协调好物流运输商、展台搭建商和参展商的关系。要注意用电安全和人身安全。

此外，在活动布置和撤馆期间，活动主办单位应该积极地与场馆方协调，为参展商、搭建商、观众、媒体记者等活动参与者提供相关配套服务，如出入证管理、餐饮服务、保安服务和消防管理等。

值得强调的是，许多活动的组织者尚未重视活动布置和撤离期间的餐饮服务，认为活动还没有正式开幕，这些事情应由活动参与者自行解决，但完善的配套服务管理对活动顺利、圆满地开展起着十分有力的推动作用，还可赢得良好的口碑，培育忠诚的活动参与者。

第二节　会展服务管理

会展服务贯穿会展项目的始终，从前期沟通、注册接待到现场服务、投诉处理都要关注贵宾、参展商、各类观众、媒体等多方需求，尽量为其提供良好的服务体验。

一、会展注册接待服务

（一）注册接待对象

1. 参展商

参会代表的注册工作往往在举办场所或代表下榻的酒店进行，代表根据组委会的邀请确认信函前往组委会秘书处报到，缴纳会务费，领取资料，确认返程机票和附加服务项目，填写注册信息表，以便尽快制作代表通讯册。参展商的注册通常是单独的，记录的内容不仅包括与会人员的姓名、联系电话、公司或单位、职位等信息，还包括分配的展位号、展位费、参展代表的姓名和职务、联系方式等信息。

2. 观众

观众分为专业观众和普通观众。主办方往往为专业观众提供网上预登记方式，方便预登记观众为参观会展项目提前做好准备。预登记观众在网上填写相关信息后，系统会自动发放邀请函到该观众邮箱，观众可打印此邀请函，到现场直接领取胸卡，通过一般通道直接进场。普通观众则通过注册程序进行简单注册，在注册完成后通过一般通道进场。会展项目主办方还可以对观众登记柜台和通道进行分类管理，将其分为"持邀请函观众登记柜台"和"无邀请函观众登记柜台"。这样，一来可以提高登记现场的工作效率，减少排队等候时间；二来会展录入的资料更容易、更准确，便于客户信息管理。

3. 嘉宾

会展的举办不仅要得到政府部门的支持，同时为促进参会者之间的沟通交流、学习借鉴，往往会邀请行业内知名人士和专家前来座谈，嘉宾主要包括政府有关部门领导、大公司高级管理人员、学术界和业界专家等。嘉宾的注册接待往往由主办方专人负责引导，采用绿色通道。

4. 媒体人士

会展项目的对外宣传需要媒体人士的支持，新闻媒体人士主要包括记者、摄影摄像人员、专栏评论员、编辑及负责人员等。近些年随着自媒体的发展，一些主办方还会邀请知名自媒体人士参与。

5. 国际与会人员

国际与会人员指来自会展举办国之外的其他国家和地区的参与人。随着时代进步及经济的发展，国际间的交往日益密切，会展项目作为行业间交流的重要平台之一，逐渐发展成跨国合作的渠道。值得注意的是，对国际与会者的接待应当严格按照国际标准和规范进行。

（二）注册接待流程

为了提高注册效率，通常采取分类注册服务。注册台分为已预登记注册代表的注册台和现场直接注册的注册台。

1. 预登记注册台的服务

与会代表通常可以在大型展览或会议的官网上按提示进行预注册、付费和预订住宿等活动。这部分的现场注册服务相对简单，只需核对预注册时所登记的基本信息情况和缴费情况，发放与会资料，请代表签字即可。

2. 现场注册台的服务

现场注册服务手续比较复杂、内容多，要经过填写表格、缴纳费用、制作胸牌、发放会议资料、代表签字确认等过程。包括利用电子邮件、注册表格、传真等传统注册方式以及利用官方网站、微信小程序、App 注册、官方微信号、二维码等新型注册方式。

针对不同参展主体，会展现场入口通常设有相应的接待处，主要有参展商接待处、观众接待处和媒体接待处等。同时，为了便于识别，会展组织者还可以设置不同颜色的胸牌将与会者分类。很多会展项目通过胸卡颜色区分不同类型的参会人员，例如，红色胸卡为贵宾，黄色胸卡为观众，蓝色胸卡为参展商。组展机构的工作人员通过查看不同颜色的胸牌、资料并搜索其参展注册信息，向其发放专门的入场证和展览宣传资料。

针对场馆区域的划分，按注册人员来源可分为国内观众区、境外观众区、媒体区、合作单位区等；按注册时间可分为预注册（登记）区、现场注册（登记）区；按注册的活动类型可分为会议注册区、旅游及娱乐活动注册区等；按与会者姓名首字母可分为"A-F"区、"G-L"区等。

二、贵宾接待服务

对于会展活动，贵宾指那些能对活动的效益和形象产生重要影响的人，贵宾接待服务是主办方给予在政治、经济、文化等领域有一定成就、影响和号召力的人士的一种特殊礼遇，也是活动优质服务的集中体现。贵宾接待服务的水准和内容，主要取决于会展的性质和人员的具体情况等因素。

1. 接待服务内容

（1）入住服务。通常会展项目主办方会为贵宾安排高星级酒店入住，接待人员要和酒店提前沟通贵宾的个人信息、喜好习惯、抵达和离开时间等，以做好接待工作。

（2）贵宾会客厅。在会议、展览会开幕式等活动正式开始前，一般会安排贵宾参与相关会见活动或在贵宾厅稍做休息。要提前 15~30 分钟摆放好茶水、水果及相关资料，了解会谈人数和时间，确定是否放置席卡以及是否需要音响设备。

（3）安全保卫。应把贵宾安全保卫服务纳入整个会展活动的安全保卫工作计划。在大型会展活动安全保卫工作的组织与实施中，扁平化指挥体制是一种有效形式，准确及时掌握有关信息是组织实施安全保卫工作的重要依据，通信畅通是保证，熟悉部署和现场情况是关键，非安全因素的控制与消除是大型活动安全保卫工作的核心。

2. 接待服务注意事项

在接待贵宾的整个过程中，在保证基本礼仪的前提下，相关人员须保持良好的精神状态。接待者的服务态度在很大程度上直接影响被接待者的情绪和感受，也反映整个会展项目的风貌。因此，接待者要始终保持良好的服务态度。

贵宾具有一定的社会影响力，与会展举办得成功与否密切相关，是会展接待和服务的重要对象，对贵宾的接待和服务要细致且周到。相关人员应该提前了解贵宾信息，接待人员对自己要接待和服务的对象要有清楚的认识，要提前查找相关资料，要对贵宾的身份、喜好等有清楚的了解和认识。唯有如此，才能在接待过程中更好地为贵宾服务，并提高其满意度和体验感。

三、媒体接待服务

媒体作为会展与外界沟通交流的重要媒介，能够吸引潜在参展商和观众，帮助扩大会展的影响力，对会展的成功举办起着不可忽视的作用。

为了对会展进行有效宣传和推广，邀请媒体前来报道以提高知名度和社会影响力。在此之前，会展负责部门需与媒体方进行充分沟通，做好媒体接待工作，主要包括以下四方面：（1）安排媒体接待工作小组；（2）确定媒体的发言人；（3）与媒体进行充分沟通并提供相关资料；（4）准备媒体采访所需的硬件设施。

1. 媒体选择

根据会展项目性质以及理想的宣传效果决定邀请媒体的数量和类型。

（1）数量。一般的会展项目可以有选择地邀请媒体报道，邀请的时候注意预留一定的空间。例如，若希望有2~3家媒体报道，则要邀请5家左右，以备一两家出现无法发稿的情况。

（2）类型。电视的视觉效果较好，一般是1分钟以内的消息报道。报纸主要分都市报、党报和专业报纸，一般较大型的活动或会展项目可以发专刊的特稿和专业类报纸的专题报道；还可以通过利用企业的公众号、微信视频号、小红书等自媒体账号进行宣传。

2. 前期联系和沟通

（1）邀请。邀请时，要告知已经邀请了哪些媒体。通常提前一周邀请，要将会展的相关文档资料提供给对方，同时通过电话或邮件简要说明或写明活动要素、时间、地点、期望的报道结果等。

（2）沟通。选择比较资深的记者进行沟通，了解对方就这一事件计划采访哪些人员，是否需提前安排并协调时间。

（3）提醒。提前一天或两天再次提醒活动时间，以免对方遗忘，尤其当活动在周末举行时。

3. 现场接待

（1）可在签到时发放活动小礼品。

（2）在记者签到后将其引领到座位上，以便于安排采访。

（3）注意跟踪并协调采访，尤其是对主要媒体的跟踪。涉及对外采访时，如事先没有安排好，媒体接待负责人须联系活动负责人进行协调。

（4）如在活动现场发现一些新闻线索，须先向媒体方面确认其具体的时间安排，再联系活动负责人协调采访对象。

四、参展商接待服务

参展商接待服务贯穿于展前、展中、展后全过程。展前服务包括会展项目信息咨询、策划、营销、招商招展以及食宿、交通的安排等；展中服务包括观众的组织、会展项目现场的服务、各种信息数据的统计以及安全等服务；展后的服务包括闭幕时人员疏散、撤展、参展商观光旅游安排、展后跟踪、贵宾接送、信息的汇总和更新、会展项目评估等。在服务过程中要注意以下四方面内容。

（一）寻找参展商真正的"痛点"需求

参展商的"痛点"是触发其强烈渴求的动机或负面情绪唤起的原因，它既可能是参展商完成参展行为的动力，也可能是其参展体验过程中的阻碍。"痛点"是一种需求，是产品或服务需要及时解决的问题，这种问题往往都是刚需。会展公司必须找到参展商的真正"痛点"，提供有针对性的服务，以打动参展商，提升其参展体验感和参展满意度。

（二）结合智慧会展设计参展商触点

在会展活动中，参展商触点无处不在，它涵盖了不同形式、不同种类，包括身体感知、虚拟五官体验、会展服务接待、语言沟通等多个方面。参展商从了解会展项目到参加会展项目和会展项目结束，期间的视觉感受、服务体验、感官体验、与企业的互动和沟通都属于客户触点的范畴。在智慧时代的大环境影响下，参展商触点从线上了解到线下体验会展项目、评价会展项目，形态上都更为丰富。在智慧会展背景下，要注意不同阶段的参展商触点。

1. 展前触点

在"智慧会展"的大数据时代背景下，线上的展前触点设置在整个宣传和投入中占的比重越来越大，可以快速将信息覆盖，通过 PC 终端、智能移动客户端、社交网络平台等可以非常快捷地实现会展信息传播，并可以通过移动终端让客户进行会展项目前置体验，从而奠定更好的宣传基础。展前的客户触点主要已经变为以移动智能终端为主的新一代传播媒介，主要的影响元素是以交互设计、界面设计为主的设计行为。

2. 展中触点

参展过程中的体验是会展行业的核心与重点，是非常重要的环节，在传统的会展活动中，展中触点设计主要集中在视觉方面，即以观众进来看到的所有展出内容为准，设计参展人流线和参展指引，在智慧会展背景下，参展方式有两种不同的区别：一种是现场会展，现场会展触点由传统的图像图示变为由电子终端展示，在视觉上更加丰富和逼真，展示内容与产品更加生动和形象，在会展活动进行过程中，任何元素都可能影响展中触点的效果，要分别针对观众和参展商的反应设计，环境变化触点设计也是多元化的，涉及观众的感官，甚至情感共鸣。另一种在"智慧会展"环境下应运而生的是虚拟会展和掌上会展的形式，在展中设计的触点都以互联网平台为载体，通过 App、交互式体验、视觉、声音传递等方式设计触点。

3. 展后触点

传统形式的展后触点主要是通过电话回访、调查数据整理对会展项目进行总结，再反馈给企业，智慧技术的快速发展催生会展形式与设计语言的变化，让客户触点更加多元化，会展设计的范围是线上线下的全方位融合，客户触点的范围不断扩大，从感官感受到情感引导，从实物到虚拟模仿，会展项目的任何一个角度和环节都会影响客户对品牌的评价与判断，要针对客户的每一个触点进行分析与设计，进行人性化优化与整合，对所有的客户体验进行统一管理，在智慧会展的背景下，要实现全方位、全覆盖的客户感官触点设计、情感设计与品牌体验设计，并且在设计中时刻注意各个方面信息的统一与准确传递，让观众感受到触点体验是统一的、信息是一致的和准确的。

五、专业观众接待服务

专业观众长效地、持续地观展是会展项目实现自身利益、获得核心竞争力的关键所在。培育专业观众对会展项目品牌的忠诚度是相当有必要的。在接待服务过程中要抓住专业观众的真正需求，独具匠心地设计观展体验，提升他们的观展体验，以此有效地留住前来观展的专业观众，降低流失率。

（一）对专业观众的基础服务

1. 展前服务

邀请观众是主办方展前观众组织与服务的重要内容，主办方首先要对展览进行有效的宣传推广，提高目标观众对展览的关注度；然后采用上门拜访、专人派送、电话沟通、网络发送和直接邮寄等方式向目标观众发出观展邀请；在观众接受邀请后，要收集观众信息，回复观众的疑问，并及时向专业观众提供最新的展览资讯。

2. 展中服务

组展商要快速办理观众入场手续，并提供行李寄存、展览向导、活动查询等服务；在展览现场，还应为观众提供免费上网、免费电话，设立商务服务区等。组展商通过举办产品发布会、行业发展论坛、专业研讨会等方式，帮助专业观众实现观展目的。

3. 展后服务

发邮件向专业观众表示感谢，对重要的客户可登门致谢甚至宴请致谢。发放意见调查表，征求专业观众的意见和建议，以改进服务。发送展览总结报告，将展览的有关情况、统计数据发送给专业观众，比如展览的参观人数、成交量和成交额度、参展企业名录、新产品数量等。同时要发布下一届展览会信息，吸引专业观众再次参展。组展方要在已有数据库中对专业观众的数据进行更新，这是一项非常花费时间和精力的工作，但是对以后的观众组织工作具有重要的作用。

（二）专业观众服务质量优化原则

在体验视角下，对会展项目的专业观众服务质量进行优化，必须要遵循一定的原则，要从整体上使会展项目的服务质量得到优化提升，有利于会展项目的长远发展和长久利益。

1. 主题性原则

在进行会展项目主题确定的时候，要综合经济发展的水平与社会发展的趋势等各方面的因素，选择合适的主题，在整个会展项目的进行过程中要始终以这个主题为中心，让观众明白这个主题的深层次含义，增强其对此次会展项目的体验印象，以产生持久的影响力。有创新意义的主题以及对主题的完美呈现过程，是让会展观众获得难忘的体验的重要环节。

2. 多样性原则

会展体验是一种综合性产品，观众从获取会展项目信息开始，到参观、返程，在整个过程中形成不同的阶段体验，又有整体体验。在会展项目的服务过程中，要尽量提供多样化服务。在会展项目现场，可以采用多种手段提供全面的感官体验，比如在视觉、听觉、触觉等方面进行深度开发来营造心理上的难忘体验，丰富观众的体验效果。

3. 参与性原则

在多重感官刺激下，观众从走马观花式的旁观变成积极主动的参与，观众在参与中更好地了解产品信息，并在参与中开始思考，由此加深了其对展览品的认识和了解。

4. 系统性原则

应针对整个会展活动的过程进行体验设计，比如在前期，通过网络、电视传媒等方式宣传；通过会展项目信息咨询、网站门户服务等方式吸引和激发观众的参观兴趣；合理安排交通和住宿；合理布局展馆现场，营造良好的观展氛围；提供展览结束后的后续服务等。将这些不同的元素结合起来，形成一个复杂的体验系统，其中每一个细节都可能会对整个体验造成巨大影响变化，要从整体上把握好这个系统。

（三）专业观众服务接待优化措施

1. 注重个性化服务

分析专业观众的需求，根据专业观众的特性来进行个性化服务。然而很多会展项目面临的问题就是只求全面而没有特色，试图满足专业观众的所有服务要求，这样就加大了服务的成本，出现服务的浪费现象，增加不必要的成本，却没有针对性地提供个性化服务，甚至出现一种"费力不讨好"的现象。

以广交会和高交会提供的个性化服务为例，为了给专业观众和参展商安静、舒适的洽谈空间，专门设立了洽谈区域，远离了嘈杂的人群和各种表演等；对第一次参加会展项目或者成立不久，各方面都不熟悉，认识的业界人士比较少的公司，提供组织配对贸易洽谈；在会展项目贸易洽谈期间，产生大量的金融交易，某些暂时进驻会展项目现场的银行可以满足金融交易需求；还有一些权威的中介资质认证机构有知识产权部门可以帮助解决问题，让大家没有后顾之忧。

2. 注重服务触点

大多数服务企业的基本特征是服务提供者和顾客之间会发生接触。通常，这种短暂的接触往往发生在顾客评估服务的一瞬间，由此形成对服务质量的评价。服务接触是"消费者直接与服务互动的那个时间段"。服务过程中的每一个关键时刻都涉及顾客和服务提供者之间的交互作用。

服务触点是服务者提供的有形或者无形元素，包括顾客所看到、听到、触到、尝到和闻到的。会展项目对专业观众的服务触点包括会展项目的导引牌、会展项目图标、会展项目入口登记、展馆环境氛围、展馆餐饮管理、安保和保洁、展馆服务大厅等。在会展项目服务中，主办方的会展项目服务组织影响专业观众参展的感知，进而影响其参展效率和参展满意度。主办方应明晰对专业观众的服务触点，从中发现、识别和定义服务设计的关键切入点，并对关键的服务触点进行着重设计。服务触点设计得越好，专业观众与会展企业的黏度就越高，专业观众对会展项目的服务体验就越好。

3. 注重体验管理

对专业观众的体验要进行专门的策划和管理。设计良好的体验，能够更好地吸引专业观众的眼球，特别是媒体杂志等的关注和报道，有些媒体甚至积极主动地前来宣传报道。如此就是免费的宣传营销。会展项目为专业观众提供的愉悦体验，就是对会展项目品牌的推广，有利于下次会展项目对专业观众的邀请；参展商为专业观众提供愉悦体验，更多的是一种体验营销，从中将自己企业的经营理念、品牌形象等传递给专业观众。优质的体验需要精心策划，例如，灯光设计、音乐设计、展台设计、空间布局设计等。之后还需要总体管理、统筹协调、合理规划，使良好的体验设计发挥效益。

对观众进行体验管理，首先要分析观众的体验，即观众需要怎样的体验，需求是什么，在前期要掌握足够多的资料，进行精确的分析，了解观众的体验需求。其次，构建体验平台，让观众有体验的机会。建立与观众的接触，通过各种方式引导观众的体验，在接触的过程中，不仅要给观众带来全新的体验过程，还要将理念传递给观众。最后，不断地进行评价改进和创新，以引导和提升新一轮的观众体验。

4. 创造体验并恰当引导

创造超出观众需求的不一样的体验，并及时地、恰当地进行引导。主办方可以在体验营销的各个触点，为专业观众提供一些惊喜与愉悦。情感变化是客户整体体验的重要组成部分，专业观众需要良好的体验，但是在获得这些体验之前，他们却无法描述，只有在真正地感受之后才惊喜地发现这就是他们真正所需要的。

会展项目的主办方应该主动了解专业观众的心理和行为需求，了解他们想要的是一种怎样的体验，主动创造这样一种体验来满足专业观众的需求，增强其对会展项目的满意度以及期待下次观展。如果对专业观众的需求了解不够的话，就会处于一种被动的状态。我们要做的不仅仅是满足他们的需求，还要具有超前意识，创造更具独特性的服务，创造不一样的体验。会展服务程序环节很多，这就需主办方进行积极的消费引导，让专业观众跟随引导，增加其观展的体验价值，感受会展项目服务的优质化、独特性、体验性。若仅仅是体验方案做得好，却没有进行积极的消费引导，没有传达到观众层面，就会造成信息传达的脱节，达不到预期的效果。这是前期做了很多工作却没有效果的重要原因之一。

5. 精心设计创意时刻

"峰终"定律表明：在过去发生的事物中，特别好或者特别糟糕的时刻以及结束的时刻更容易被人们记住，人们在记忆中对事物的体验往往取决于正向或负向的峰值和结束时的感觉，而不是平均值。会展项目公司应当在展览会期间制造专业观众体验感的"峰终"难忘瞬间。

通过精心设计创意时刻，让专业观众在活动过程中产生顿悟感，达到参展体验的正向峰值。创意时刻作为活动内容载体的一部分，让专业观众形成意犹未尽、久久回念的难忘瞬间。活动中的创意时刻应当令人愉悦、让人难忘和具有较强的传播性。

6. 提供商务配对服务

参展商和专业观众都是为了对方参加展览的，他们的参展目的要通过双方的互动才能实现。展览主办方要为参展商和专业观众搭建优质的平台，提供商务配对服务，促成双方都实现参展目的。

主办方能提供的配对服务，首先是让参展商和专业观众的数量匹配，即每个参展商都有一定数量的目标专业观众。每一个专业观众都有一定数量的参展商。一方的数量过少，都会导致对方的不满意，最终产生负面评价。参展商和专业观众的数量应该是什么比例主要取决于展览类型、参展目的以及展览所属的具体行业等。

主办方还应该重视参展商和专业观众的目的匹配。参展商的参展目的多种多样，不同类型的专业观众，其观展目的也不一样。主办方如何推动参展商和专业观众的目的匹配，在展览会举办前，组展商应该重视"互联网＋"的功能，搭建网络平台进行展览前预热，让参展商和专业观众实现互动，开展有效预约；在会展项目举办期间，主办方举办各类活动，便于参展商和专业观众进行现场沟通、体验、洽谈；在展览结束后，主办方应该继续跟进，协助参展商和专业观众的贸易对接，促成交易。

7. 提供增值服务

主办方为了提升专业观众的满意度，应该努力提供会展项目增值服务，例如，请专家进行新的政策走向解读、行业发展趋势预测、购买指导、技术交流会等。这些额外的服务能够让专业观众的观展行为更便利、更舒适或者更有收获，使观众在获得基本服务价值的基础上实现增值。

增值服务很容易被竞争对手抄袭和模仿，因此，主办方要不停地进行创新，提供新颖独特的增值服务。

第三节　人群车流管理

大型会展项目中的人群具有密集性、不确定性和分布不均衡等特点。当某个区域人群较集中、人数较多时，会产生"群集现象"，为确保会展中各类活动顺利、安全地进行，须对人群和车流进行管理。

一、人群动线管理

人群动线指人群在行动过程中连贯的路线轨迹，是展馆内外空间、同层水平和不同楼层垂直空间联系的纽带，各条动线连在一起可以将空间统一为完整有序的大系统。合理的人群动线规划能够将会展信息的内在秩序展示出来，并将展示内容按照主次进行展区空间上的区分，可以有效提升场馆空间的使用效率。这能够使参展观众的停留时间变得更长，从而降低观众的观展疲劳感，降低观展过程中的体力消耗，使其观展体验感、兴奋感保持在最高点。

（一）人群动线布置

1. 线性布置法

将面积或功能性质相同或相近的空间，按照线性的方式排列在一起，设计一条简单清晰的参观路线，这需要大量的流通空间，常见于博物馆、美术馆以及会展中心。

2. 中心展台法

主要采用向心式陈列的方法进行布置，一般由一个占主导地位的中心空间和一定数量的次要空间构成，以中心空间为主，次要空间集中分布在其周围。能够使参观者可以在短时间内从不同角度参观具体内容，适合各种大型空间。

3. 散点布置法

适合空间中各区域之间没有明显的主从关系的情况。其采用特定的排列方式，包括重复、渐变、对比、协调，形成大小各异、穿插有序的平面空间，营造出活泼轻松的氛围，常见于商业店铺等场所。

4. 网络布置法

采用标准展具构成网状结构的展示空间，且空间分割是按照一定的比例关系有序地排列组合而成，常见于经贸商会展。

5. 混合布置法

综合使用上述布置方法，其优点包括能快速开展和撤展并且能够在规定范围内进行个性化设计。

（二）人群动线设计

在设计人群动线时，要考虑交通规则与习惯，观展人群进展馆后，习惯直接向前走或者向右转，通常动线设计以顺时针方向为主。由于在展馆入口处、主通道、服务区和大型展位前的人流比较集中，往往会出现一大群人围观某展位或展品的现象，规模较大的会展场地经常采用放射式、岛屿式等设计，在展馆之间有免费的摆渡车，方便参观和组展人员快速地到达各展厅。在展厅之间可以增设回廊，互相衔接成为宽敞的人群流动枢纽区域，以充分缓解拥堵压力。无论采用何种形式，都要避免流向复杂，不仅要保证一个展馆内部的有序流动，还要保证多个展馆之间的有效流动。

1. 符合场所功能需求

针对博物馆、美术馆等类型的展馆，多采取单项序列性参观动线。根据文字内容、展示内容、时间序列等逻辑性较强的要素来安排行进路线。这类路线具有明确导向性，参观者会按照顺序走完全程；在大型博览会、展览会中，大多采取自由方向、开放式的参观动线，各个展区之间不分先后和主次，通过分区、切块的形式，自由组合，给人随意、开放、轻松的感觉。同时，每个独立展区的参观动线应明确、有序，并构成展区之间的和谐关系。既要避免交通混乱，确保人流安全便捷地通过，又不会产生空旷的感觉。

2. 兼顾观众的视线与焦点

视线是指引导观众前往特定展览区域的假想路线。焦点指在同一个视觉平面中能立即抓住眼球的内容。设计者可以通过在特定位置设置观看兴趣点来吸引观众的注意，视线与焦点是在立面上影响人群动线设计的关键因素。

3. 保证空间通达性

会展活动在短时间内聚集了来自四面八方的人流，特别是一些大型的展览会及国际会议，为了避免现场混乱挤压、人员踩踏、意外受伤等情况的发生，使会展项目能够顺利举办，会展主办方还要制定相关应急预案，如人流管理和疏导计划，加强对现场秩序的控制，安排人群有秩序的登记、购买，避免安全事故的发生。

二、会展车流管理

由于大型会展活动按既定日程进行安排设置，时常伴随短时集中的人流和车流高峰，会展中心举办会展项目活动的布展、撤展期间需要交通管制，甚至在参展期间也需要交通疏导。若不对嘉宾用车、来访参观车辆、参与布展的运输车辆等进行协调有序的规划，会展项目活动期间极易造成交通拥堵。

（一）会展车流类型

从整体来看，以人车分流为原则，以展览车流为例，会展车流可分为来访观展车流、参展商车流和货运布展车流。

1. 来访观展车流

来访观展车流是会展项目期间最主要的车流，来访者包括嘉宾、媒体、专业观众等。为区分来访参观车流，须按不同车道经不同入口进入，到不同区域进行泊车。各个单体有独立的内环支路，车流可达性强。单体之间的支路为衔接二者的主要通道。

2. 参展商车流

参展商车流主要出现在会展项目前，此阶段的车流还有承建商车流、货运车流等。由于交通压力不大，参展商车流可直接和会展项目期间的来访观展车流共用动线，原则是方便安全。

3. 货运布展车流

货运布展车流是布展阶段最主要的车流。通常一个参展商对应一个物流车，在会展活动的组织过程中，会展项目货运车流须按照参展商要求将展品高效、准时、完好地运抵指定地点，并按规定驶入会展场馆进行货物装卸。为此，会展场馆通常设有单独的货运通道，与其他车流明显区隔开来。货运通道的出入口的宽与高均须满足大型货车顺利通过的条件。

（二）会展车流特征

1. 短时大量汇集

大型会展活动的开始和结束时间相对比较固定，因此，在活动开始和结束前后汇集大量车流和人流，在短时间内会形成大量集中的方向性车流。特别是在布展、撤展时有大批大型货运车辆出入，交通出行异常集中，相互间干扰大，容易产生一定的交通拥堵和安全隐患。

2. 周边交通负荷凸显

某些距离场馆较近的交叉口，更容易受会展项目车流的直接影响，短时内的交通负荷大，车辆行驶缓慢。由于某些场馆停车区域有限，就将周边路段设为观众临时停车区域，这极易造成城市道路交通流干扰，通行不顺畅。

3. 具有多源单汇和单源多散特性

由于会展活动对场地要求的特殊性，会展活动基本固定在某城市的某些专业场馆举办。有时多个会展项目在同一时期、同一场地召开，在活动期间车流达到高峰。而活动结束后，大量车流又从同一地点分散离开，形成多源单汇、单源多散的交通现象。

（三）会展车流管理内容

在会展项目活动的各个阶段，其车流管理不仅要满足对交通的基本需求，还应保证突发情况下的交通安全与畅通。因此，合理组织规划会展客货交通，实现会展交通、地区交通、枢纽交通的有序运行，就显得尤为重要。

1. 分阶段管控

（1）布展期间车流管理。物流车辆须按运输路线要求进行运输，并在指定时间内抵达目的地，严格控制在途进度。大型会展中心内部区域通常设有室外集散广场，参展单位的运输车辆听从会展项目车管部门调度。由于某些场馆道路狭窄，加之集装箱车辆体积大、移动慢，其停留时间会受限，装卸货后按计划从规定出口驶出至停放区域。在布展期间，会展场馆周边的布展大型货车通行缓慢，或实行全封闭交通管制时，其他社会车辆须提前绕行。

（2）办展期间车流管理。为确保活动期间周边道路交通安全、有序与畅通，对会展场馆附近进行交通管控，将交通运行区域划分为交通核心区和交通缓冲区。交通核心区即会展中心场馆主体及四周广场、通道，可以实施交通管制，对进入核心区的人员、车辆实行证件管理。禁止社会车辆通行，会展项目工作用车和保障用车以及其余持证车辆通行，无通行证的车辆一律不得进入核心区内。一旦发现违停车辆，从严查处，严禁无证车辆停放。对于交通缓冲区，在会展项目举办期间，在区域内相关的主要路口设立疏导岗，适时分流交通，确保交通顺畅与秩序良好。保障公交大巴和出租车辆的正常运营，周边小区、单位（个人）车辆须持有效证件进入。

（3）撤展期间车流管理。为避免撤展期间货运车辆占道停放，采取"货运轮候区 + 专用货运通道"的策略。货运轮候区作为提前到场货车的蓄车区，合理设置泊位。预留规划好的路线作为货运专用通道，用以衔接轮候区。

2. 车证管理

根据会展项目需要，参展商和观众须持有车辆通行证方可进入会展项目片区，通行证须申请办理。按权限通行证可分为红证和黄证两类，红证的权限级别高于黄证，红证车辆主要停放于会展地块，而黄证车辆主要停放于会展地块外围。按人员类别可分为贵宾通行车证、工作人员通行车证（包括媒体、物流、搭建、接待人员等）、展商通行车证、专业观众通行车证。

3. 停车管理

会展项目期间的停车需求量大、临时性、停放时间集中特征明显，对停车管理可采用以下几种方式：

（1）停车泊位总量控制

停车泊位总量控制遵循总量控制、科学规划、统筹安排、统一管理的原则。

总量控制、科学规划就是要在不影响交通疏散的情况下最大限度地提升周边停车场及场馆内停车场的停车能力，统筹安排、统一管理指的是要及时发布信息、公告并实时更新周围停车信息，统一发布平台保证停车信息的即时性、权威性，避免车主无车位可停而耗费大量的道路资源。

（2）优化停车场布局

应把停车场布局与会展场馆周围道路网络、交通站台、场馆需求相结合。大型会展中心周围停车位需要科学设计，保证使用最少的面积停放最多的车，实现土地集约化的规划和使用，达到最大化利用。

（3）扩大停车容量

在大型会展场馆周围停车位比较饱和的情况下以及资金预算和土地条件允许的条件下建设配套的停车楼或就地建设双层停车位。场馆应合理考虑潮汐车位的规划设计，以便在车流量较大的情况下用于机动调整停车位。

本章思考题

1. 假如要举办一场汉服展览秀，应该如何选择会展场地，要考虑什么因素？

2. 公司正在策划一场动漫展，如何营造会展的现场氛围？

3. 请论述做好媒体接待与服务的重要性。

4. 对于专业观众，我们可以通过哪些方面优化接待服务？

5. 结合自身实际观展感受，思考对展位位于角落的参展商，如何才能使其不被忽视。

即测即评

第六章　会展风险管理

本章思维导图

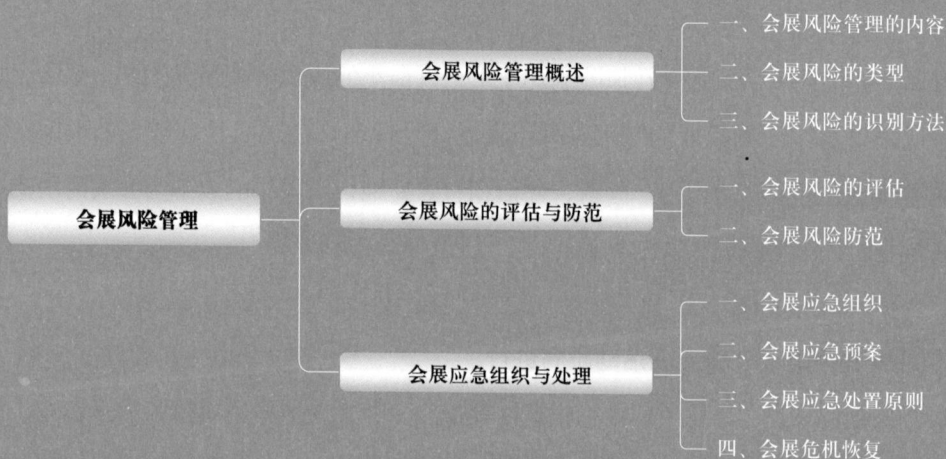

```
                                              ┌─ 一、会展风险管理的内容
                         ┌─ 会展风险管理概述 ──┼─ 二、会展风险的类型
                         │                    └─ 三、会展风险的识别方法
                         │
                         │                    ┌─ 一、会展风险的评估
会展风险管理 ────────────┼─ 会展风险的评估与防范 ┤
                         │                    └─ 二、会展风险防范
                         │
                         │                    ┌─ 一、会展应急组织
                         │                    ├─ 二、会展应急预案
                         └─ 会展应急组织与处理 ─┤
                                              ├─ 三、会展应急处置原则
                                              └─ 四、会展危机恢复
```

关键词

会展风险管理　风险识别　风险评估　应急组织　应急预案　危机处理

学习目标

1.知道会展风险管理的概念和主要内容；

2.熟悉会展风险的类型；

3.了解如何进行会展风险的识别与防范；

4.理解会展应急预案的意义以及会展应急处置原则；

5.掌握会展危机恢复的方法；

6.具备科学、全面应对会展风险的思维。

第一节　会展风险管理概述

会展项目人流量大、人群密度高、风险发生概率高，在开展各类活动时特别要注意风险防范与管理，以有效防止和应对会展现场可能发生的各种风险事件，确保会展活动的安全举行。

一、会展风险管理的内容

风险管理一般指在一个确定存在风险的环境里，以最小的成本收获最大的安全保障，把风险可能造成的不良影响降到最低的管理过程。会展风险管理指会展活动管理人员根据实际情况，将存在的风险进行预测、识别、分析、评估和有效处理，以最小的成本为会展活动的顺利进行和会展企业的经营提供最大安全保障的科学管理过程。

（一）会展风险管理的作用

1. 防范和处理风险，确保会展活动顺利进行

会展作为商业服务业，具有敏感性和脆弱性等特点。除了受一些不可抗力因素影响，在活动举办期间，还汇集大量人流、物流、资金流等。从筹备到结束涉及众多环节，其间的风险多种多样、错综复杂，既有静态的，又有动态的，有实际存在的又有潜在存在的。进行有效的会展风险管理，对一些可防范的风险进行有效的预防，对潜在的或者无法避免的风险，进行可靠的评估，将风险发生的可能性降到最低，以确保会展活动的顺利进行。

2. 建立会展风险管理体系，减少参与方损失

大型会展活动前期的筹备工作繁重且投资巨大，风险一旦发生，将致使会展活动中断、延迟甚至取消，这不仅会导致会展活动相关方无法营利，还有可能遭受严重的经济损失。做好会展风险管理，对会展活动建立一套行之有效的风险管理体系，可将风险发生的可能性降到最低，从而最大限度地降低各相关方的经济损失。

3. 赢得参与方信任，确保会展企业正常经营

风险管理得当不仅可以帮助相关参与方有效应对潜在和不确定因素，保证会展活动环境的安全性，还可以提升活动形象和声誉，减少各参与方的顾忌，吸引更多参与者。实现会展价值，创造会展利润，保证会展企业的正常经营。

（二）会展风险管理的目的

1. 防范和识别

针对会展活动和企业经营过程中可能出现的风险，尽可能准确地对其进行识别，评估其发生的概率和危害程度，从而针对不同的风险制定相应的防范措施，增强风险的防范能力。

2. 控制和处理

建立风险监管系统，及时遏止风险的扩散，防止其产生连锁反应和不良影响，有组织有步骤地实施风险处理策略，避免和消除隐患。

3. 恢复和重建

处理好风险给会展项目本身和参展企业造成的负面影响最小化，并尽快恢复会展品牌形象；重塑办展机构、观众、合作伙伴、媒体及有关人员的信心。

4. 总结和改善

针对风险管理中存在的问题，审视企业自身发展中的缺陷，总结风险处理的经验教训，改善经营管理策略，使会展企业恢复到风险前的状态并得到可持续的发展。

（三）会展风险管理的原则

会展活动一般是在特定空间进行的集体性和公众性活动。大中型的会展活动都会涉及跨文化、跨地区的物资和人员流动，而且会展活动不仅在会展业内部进行，其主体更有可能是其他行业及其产品，这使得风险发生的可能性提高，加之公众和媒体的广泛参与，会展活动的影响范围就变得更大。在面临各种风险时，不同的指导原则会产生截然不同的后果，明确并遵循会展风险管理的指导原则是有效处理不同风险的必要前提和基础。

1. 未雨绸缪原则

风险分为可预防的和不可预防的，能把可预防的风险在发生之前就有效地解除是风险管理的最高境界，随后才是尽量减少风险带来的危害。只有充分地预测风险，并制定相应的预案，在心理因素和生理因素上都做好充分的准备，这样才可能把可预防的风险扼杀在摇篮里。即使风险发生了，也在掌控之内，使风险的危害最小化。

2. 快速反应原则

以往对于危机事件的处理，存在黄金 24 小时原则，现在网络日益发达，各类社交媒体和自媒体发展迅速，除了对危机现场的处置需要与时间赛跑，在媒体的传播方面更要讲究时效，对会展活动来说，风险处理要求的时间更短，有时甚至必须在分秒之内做出决策。这就要求会展活动和企业的组织者和管理者有良好的心理素质和丰富的风险管理经验，能迅速地找到问题的关键，并启动相应的风险预案和提出有效的风险处理方案。特别是对众多媒体参与的会展活动来说，这种反应速度的快慢往往是控制风险事态的关键所在。一旦错过时机，就可能会造成舆论风波和不可挽回的经济损失。

3. 统一口径原则

在风险处理过程中，应在了解到风险整体情况后，对内部发布统一信息，然后由会展项目官方指定的发言人将信息传达给公众和媒体，保持内外信息的一致性。对内要提前对员工进行培训，防止风险发生时从内散布谣言，甚至泄露不能对外公布的消息，杜绝非官方渠道的发声，避免加剧风险事态或引发新的危机。对外发布消息时，立场要前后一致，减少不必要的事端发生，防止风险进一步扩散，降低风险的负面影响。

4. 信息对称原则

该原则是对统一口径原则的补充。在风险处理过程中，应努力避免信息不对称的情况。在风险监管系统建立之时，还应考虑到内外两个发声通道须由专门的人员负责，减少信息传播的渠道和层级，信息确认一致后由专人统一对内外同时发布，避免信息失真，对外的通告则尽量避免使用会引起歧义和公众异议的字词。总体来说，所有的官方通告都要经过缜密准备和严格审核。

5. 全面衡量原则

围绕风险事态所做的一切管理决策，都应以办展主体、展商、观众和媒体为决策的基准点，进行全方位的衡量和筹谋，平衡各方面的利益。除此之外，兼顾经济利益、社会利益和环境利益。这一法则要求决策人员有大局意识、果断决策的战略能力和高度的社会责任感。

6. 维护形象原则

品牌是会展项目得以长期生存的基础，对组展单位来说，风险事态对形象和品牌的风险较之财产安全往往要严重得多。而且风险事态对形象的风险也是最深刻、最长远、最难恢复的。在危机发生之后，组展单位的立足点应放在维护品牌形象上，在风险管理的全过程中，要努力减少对形象造成的损失，争取展商和观众的谅解和信任。

二、会展风险的类型

会展项目涉及多方面多个环节，准备时间长，但举办时间相对来说较短，在前期未出现的风险，在后期可能会慢慢显现出来，风险多种多样，既有宏观的也有微观的，但无论是哪种风险的发生，都会对会展活动甚至相关会展企业的生存和发展产生严重的后果。要对会展风险的类型有清晰的认识，全面、准确的识别、分析会展活动过程所面临的风险，衡量风险和选择处理风险的最佳方法。

（一）宏观风险

宏观风险主要包括政治风险、经济风险、法律风险、不可抗力等，宏观风险通常很难进行预测和控制。

1. 政治风险

政治风险主要指战争、政治冲突、政权更迭等。政治风险相对经济环境等风险来说比较特殊，具有后发性、隐蔽性等特点，部分政治风险具有不可抗力性，很难对其进行预测，它往往涉及政治秩序与安定，进而可能影响国家和地区稳定，一旦发生往往很难在短时间内得到解决，通常无法挽救且造成比较严重的后果。如果会展活动举办地发生政治风险，就很难顺利进行下去。对于这类风险，会展企业和活动组织者仅依靠自身的力量是很难克服的，只能采取一些措施对它们进行预防和规避，或者努力将它们对会展的不利影响降到最低程度。

2. 经济风险

经济风险主要指由于经济发展周期变化、市场波动、价格管制、贸易限制、汇率调整、通货膨胀等宏观经济因素的变化而给企业带来的风险。经济发展是带有周期性的，既有快速增长期，也有衰退期。当经济发展下行压力较大时，展览业必然会受到影响，由此会产生相应的经济风险。会展行业的发展关联到其他众多行业，其与整个社会的经济运行有着密不可分的联系，因此，会展企业和活动所面临的经济风险除了来自会展业本身，还会来自展会所涉及产品所在的行业。因此，为了规避这类风险，会展企业不仅要对本行业市场经济环境有一个很好的把握，同时还必须及时掌握与会展相关行业的发展情况。另外，通货膨胀、贸易限制等这些宏观经济因素变化也会对会展业和会展活动产生较大的影响。比如美国对我国科技行业进行的打压会导致两国相关产业的展览活动都受到不同程度的影响。

3. 法律风险

会展行业和活动的法律风险涉及多个方面，如展会设计等图形作品著作权相关法律风险，主要是由于法律法规政策变化引起的。相关组织者和管理者必须严格根据相关法律法规的变更，对企业和活动的经营和开展做出相应的调整，以确保不会因为触犯法律而付出沉重的代价。

4. 不可抗力

不可抗力可能是自然原因造成的，也有人为的。前者如地震、水灾、旱灾等，后者如战争、政府禁令、罢工罢市等。这些事件给会展行业和活动带来的影响往往是灾难性的。如2019年年底出现的新冠感染疫情，导致大量会展活动延期或取消，给会展行业的发展带来了沉重的打击。

（二）微观风险

会展微观风险主要是来自会展企业和活动内部，包括财务风险、运营管理上的风险、市场营销上的风险、人力资源风险等。与外部风险不同的是，内部风险是可控的。如果会展组织者能够提前做好预防工作，上面所列举的很多内部风险就是可以控制和消除的。经营风险一旦出现，很容易给相关会展和办展机构的市场声誉造成伤害，并严重影响其形象，因此，对经营风险绝不能掉以轻心。

1. 财务风险

财务风险主要包括四种：资金风险、预算风险、经费风险和应收账款风险。

2. 运营管理风险

（1）会展项目影响力不足。会展项目由于各种原因难以吸引有实力的参展商或行业知名人士的参加。

（2）嘉宾缺席。拟邀领导、主要发言人或重点参展商缺席。对会议而言，在国内外有重大影响的专家学者对其他人决定是否与会有重要影响；对展览而言，业内知名企业的参加非常重要。重要企业缺席会使项目的效果大打折扣，并会使其他参会者或参展商对项目产品产生不信任感，产生信任危机。

（3）会展场地管理的风险。场地设施设备包括的内容和类型非常庞杂，从大型展架到智能设备，一旦任何一种出现故障或失误，都有可能造成现场人群的混乱并产生损失。

（4）健康和安全风险。如给客户提供的食品或饮料出现质量问题等。

（5）人力资源风险。主要有三个方面：一是人力供给不足的问题；活动高峰季容易出现人力短缺的情况。二是人力部门权责不清的问题。会展活动涉及多个部门的协同合作，部分企业内部岗位设置混乱，出现问题时互相推诿，处理不及时，容易造成损失。三是核心员工流失问题。核心人员的流失会导致整个会展活动进度受到影响。

三、会展风险的识别方法

风险识别即要识别各种明显的和潜在的风险事件。识别会展风险是一个连续的过程，也是一个系统工程，不论会展企业和活动规模大小，它所面临的风险都是多方面的，如何把握全局，全方位识别风险，要运用科学的方法进行多角度多层次的认识和分析。会展风险的识别是指会展企业和活动在财产、责任和人身损失刚出现或出现之前就系统、连续地发现它们。对会展风险的识别需确定风险的来源、产生的条件，描述其风险特征，确定哪些风险事件有可能影响项目。企业是发展的，市场是变化的，风险也不是一成不变的，旧的风险可能消失或减少，新的风险可能出现。因此，风险的识别工作是持续不断的。

风险是客观存在的，会展风险管理人员在研究会展企业和活动面临的风险对策时，最重要也是最困难的工作就是去了解及寻找所有可能的风险。这些风险可能增加企业的支出，产生诉讼纠纷及管理系统的混乱。会展风险识别的目的有两个：一是用于衡量风险的大小；二是提供最适当的风险管理对策。风险识别是否全面、深刻，直接影响风险管理的决策质量，进而影响整个风险管理的最终结果。任何一种风险在识别阶段被忽略，尤其是重大风险被忽略，则可能导致整个风险管理的失败，给企业造成不可估量的经济损失，甚至可能导致企业的破产和倒闭。增强风险意识，认真识别风险，是衡量风险严重程度并进而采取有效的风险控制措施和风险管理决策的前提条件。

会展风险识别的基本依据是客观世界的因果关系和可认知性。我们可以从原因查找结果，先假设本会展运行期间会有哪些事件发生，如果发生会引起什么样的结果。也可以从结果中找原因，如已知会展进度就同时查找造成进度拖延的风险因素。同时，还可以通过分析会展产品或服务的特点、会展项目的前提、假设和制约因素，以及与本会展项目相类似的先例等获取可能产生的风险。在识别会展风险时，人们对风险的范围、种类和严重程度经常产生误判，从而对会展项目风险的评估、分析和处置发生差错，造成不必要的损失。因此，在识别会展风险时，要特别注意采用与会展性质相适应的工具和方法。对会展风险进行识别的方法可以用一般项目风险识别的方法，常用的有德尔菲方法、头脑风暴法、情景分析法、核对表法和事故树法等。

1. 德尔菲法

首先，确定参加会展风险识别的专业人员，让每个人独立地提出自己对风险识别的意见；其次，汇总每位专业人员的识别意见并得到结果，并将结果进行整理、归纳、统计，再匿名反馈给各位专业人员，使每位参与者都不知道有哪些人参加了此次风险识别；再次，参加识别的专业人员在获取了上次处理过后的汇总意见后，对可能发生的风险进行再一次识别分析，并第二次提出自己的意见；最后，汇总第二次的识别结果，重复第二次的过程……如此循环若干轮，每一轮都可使各专业人员对结果进行深入研究，直到各成员的意见基本一致为止，这样就获得了此次风险识别的最终结果。此方法是集体匿名思想交流的过程，可充分调动各参与人员的主观能动性并独立客观地提出自己的意见，结果较为客观，但缺点是费时较长。

2. 头脑风暴法

这一方法指的是一些专家或者会展组织的有关人员，就该会展可能存在哪些风险进行识别，要求大家对可能发生的风险提出自己的意见。在会议现场，不管大家的意见如何"离谱"都不准对其进行批评。当每个人的意见都被记录下来之后，在稍后的时间里再仔细分析讨论这些意见，并从中总结出可能发生的风险，为下一步采取适当的预防措施提供依据。此方法的关键之处是禁止对最初的意见进行批评，目的在于鼓励大家畅所欲言，尽量发现问题。

3. 情景分析法

情景分析法又称"脚本法"，是假定某种现象或某种趋势将持续到未来的前提下，对预测对象可能出现的情况或引起的后果做出预测的方法。当一个会展持续的时间较长时，往往要考虑各种技术、经济和社会因素的影响，对会展进行风险预测和识别，此时可用情景分析法来预测和识别其关键风险因素及其影响程度。情景分析法非常适合于以下情况：提醒会展决策者注意某种措施或政策可能引起的风险或危机性的后果；建议要进行监视的风险范围；研究某些关键性因素对未来过程的影响；提醒人们注意某种技术的发展会给会展带来哪些风险。

4. 核对表法

核对表法比较简单，它主要利用核对表作为风险识别的重要工具。核对表一般根据风险要素编纂，包括会展的环境、会展产品或技术资料以及内部因素如团队成员的技能或技能缺陷等。

5. 事故树法

事故树也称为故障树。事故树法本质上是定量分析方法，但也可作为定性分析的工具。它起源于20世纪60年代，是在美国贝尔电话实验室从事空间项目时出现的。之后，这种方法得到迅速发展，并不断改进，尤其是计算机的使用使它广泛用于国民经济各个部门。事故树是一种图表，用来表示所有可能产生事故的风险事件。它由一些节点和连接这些节点的线组成，每个节点表示某一具体事件，而连线则表示事件之间的某种特定关系。事故树法遵循逻辑学演绎分析原则，即从结果分析原因。

第二节　会展风险的评估与防范

会展风险的评估通常按照建立评估组织、确定评估方法、开展评估分析、做出评估结论、提交评估报告的程序进行。基本步骤包括在会展活动风险识别的基础上，评估这些风险发生的可能性，可能出现的结果和危害程度，预测发生危险的可能性，并在此基础上，采用科学的方法进行评价分析，为风险防范和控制提供依据。

一、会展风险的评估

会展风险的评估是在识别会展风险之后，通过对会展目标的风险要素进行全面、充分、系统而又谨慎的考虑，并依据风险对会展目标的影响程度进行风险分级排序。

（一）会展风险评估的意义

1. 风险评估是规避和控制风险的前提

风险评估就是测定各种风险发生的可能性，从而提高预防和化解突发危机的能力，为会展活动的举办创造安全环境。

2. 风险评估是会展安全管理的重要途径

会展本身具有很强的社会性，涉及承办者、场所管理者、参与者等众多利益主体。风险评估能将各利益主体纳入评估体系，共同防范所面临的各种危机，形成"利益共享、风险分担"的合理机制，改变原先主办方单打独斗的不利局面。

3. 风险评估是转变主办方"重效益轻安全"倾向的有效手段

主办单位经常会将经济效益放在第一位，为营造活动现场气氛、吸引观众，只注重在前期宣传和现场布置上推陈出新，而较少考虑安全因素；对存在的安全隐患不能积极整改，甚至连基本的安全管理工作都不能做到位。风险评估可以有效地约束主办方的行为，改变"重效益轻安全"的观念。

4. 风险评估是公安机关指导会展安保工作的依据

大型会展活动须通过公安机关审批才能举办，而公安机关进行许可审核的依据就是活动风险评估结果，如果风险在合理的范围内，就可以在一定的安保措施的前提下举办，但如果风险评估结果超出了合理范围，就会不予审批或需加大安保力量。

（二）会展风险评估的内容

1. 会展风险评估项目

会展风险评估主要是针对以下八个项目。

（1）资质评估。包括主办者、承办者、场馆经营者的办展资质以及办展经验、资源实力等。

（2）性质评估。包括会展活动的内容、规模、时间、地点、参与人员及组织形式等。

（3）场馆评估。包括会展活动预计参与人数与场所的容纳能力，场馆设施的安全性、安全通道、安全出口、消防通道、消防设施、场所周边环境等。

（4）设备评估。包括会展活动所需电力设施与电力供给、交通、通信、应急电源、广播等。

（5）安保评估。包括安保资源的数量、安保人员的专业水平、应变能力等。

（6）组织管理评估。包括活动方案、应急预案、部门设置和工作人员的分配等。

（7）自然环境评估。包括气候、温度、极端天气、敏感日期等。

（8）其他风险评估。如活动现场周边的治安、交通秩序等。

2. 会展风险评估的依据

会展风险评估不能凭空而行，必须要多角度、全面、系统地开展。会展风险评估的依据主要包括：

（1）会展风险管理规划。在会展项目开始之前拟定的规划与预期。

（2）会展风险识别的成果。对已识别的会展风险及风险对会展的潜在的影响进行评估。

（3）会展进展状况。风险的不确定性常与会展的进展有关。在会展初期，风险症状往往表现得不明显，随着会展的推进，风险及发现风险的可能性都会增加。

（4）会展类型。一般来说，普通会展或重复率较高的活动，其风险程度比较低；技术含量高或复杂性强的活动，其风险程度比较高。

（5）数据的准确性和可靠性。对用于会展风险识别的数据或信息的准确性和可靠性进行有效评估。

（6）概率和影响的程度。这是用于评估会展风险的两个关键因素。

3. 会展风险评估的步骤

会展风险评估通常按照建立评估组织、确定评估方法、开展评估分析、做出评估结论、提交评估报告的程序进行。一般来说风险评估的基本步骤如下。

（1）识别会展的实际和潜在风险；

（2）评估风险的危害及负面影响；

（3）预测发生风险的可能性；

（4）确定对风险的承受能力；

（5）确定风险应对和处理的优先等级。

（三）会展风险评估的方法

会展风险评估可以使用一般项目风险管理的工具和技术。一般项目风险评估的工具和技术主要包括风险可能和危害分析等级矩阵、项目假定测试、数据精度分级等，这几种方法在会展风险评估中也经常使用。

1. 风险可能和危害分析等级矩阵

风险的大小是由两个方面决定的：一是风险发生的可能性，二是风险发生后对项目目标所造成的危害程度。对这两方面，可以用一些定性的描述词分别进行描述，如"非常大""大""中等""小"和"非常小"等，可以得到一个可能危害等级矩阵，如表6-1所示，按照风险等级的排序，对发生可能性大且危害程度大的风险要谨慎对待，并制定相对完备的应对策略。

表6-1　会展风险分析矩阵

可能性描述	非常小 1	小 2	中等 3	大 4	非常大 5
非常小 1	1	2	3	4	5
小 2	2	4	6	8	10
中等 3	3	6	9	12	15
大 4	4	8	12	16	20
非常大 5	5	10	15	20	25

2. 项目假定测试

风险评估中的项目假定测试是一种模拟技术，它是分别对一系列的假定及其推论进行测试，进而发现风险的一些定性信息。

3. 数据精度分级

风险评估需要准确的、不带偏见的有益于管理的数据，数据精度分级可以评估有关风险的数据对风险管理有用的程度。

二、会展风险防范

会展企业经营和会展活动运作过程中，出现风险是不可避免的，除了提高识别风险、评估风险的能力，在对展会风险进行严密监控的基础上，会展主办或者承办者应加强风险防范，未雨绸缪，充分调动内外部的积极因素，尽可能降低风险，化险为夷，渡过难关。会展风险应对可以从改变风险后果的性质、风险发生的概率和风险后果大小三个方面提出以下多种策略：风险避免、风险转移、风险减轻、风险自留等。对不同的风险可用不同的策略，对同一个会展活动所面临的各种风险，可综合运用各种策略进行处理。

（一）风险避免

风险避免也称风险规避，是在风险发生的可能性较大且影响程度较高的情况下，组织采取的中止、放弃或调整等风险处理方式以避免风险损失的一种策略。在风险发生前将风险因子完全消除是控制风险最彻底的一种策略，但也是一种消极的策略，因为采取这种策略时会将收益因子抵消掉，所以如果会展活动或企业者选择此策略时，须谨慎考虑。

（二）风险转移

会展项目的运作，涉及交通、酒店、场馆等不同的行业和经济主体，会展企业在与相关经济主体共享经济效益的同时，也要争取风险共担，实现风险的外部化、社会化，促成会展企业风险的合理转移。特别是在与会展场馆、酒店的合作中，在合同条款内，要商定免责和共同承担会展项目风险、分担比例等合同内容以转移部分风险。在与其他客户的合同中，也要商定免责和共同承担会展项目风险的合同内容，实现风险的合理转移。转移风险的另一种形式是通过保险起到平抑风险的作用。

一些规模较大、实力较强的旅行社都设有会展旅游部门，专门经营会展旅游业务。这些会展企业一方面可以通过投保"旅行社责任险"转移风险；另一方面要积极和保险公司沟通，根据会展项目的经营特点提供适宜的风险保障计划。

（三）风险减轻

风险减轻包括两个方面，一是降低风险发生的可能性，二是减轻风险发生后造成的不良影响。根据风险的不同类型，采用不同的策略来处理，要尽量将未知的风险转化成已知的，比如通过技术升级等手段，发现更多潜藏的风险，从而有针对性地预防。在风险发生后，先处理涉及范围广的风险，防止产生连锁效应，将损失降到最低。

（四）风险自留

由于风险的必然性和不确定性，会展活动和企业虽然可能采取了若干有力措施规避风险，但风险的发生仍难以完全避免。在风险处理措施上，除了避免、转移、减少风险，还必须在企业可以承受的范围内接受风险带来的损失，也就是风险自留。风险自留是将风险可能造成损失的全部或者一部分留给会展企业自己承担。会展企业决定自留风险可能是主动的，如因损失金额相对较低而被自留；风险自留也可能是被动的，如因供货商或赞助商破产或不履行义务而自留的风险。会展企业可通过建立风险准备金，留足流动资金，保证流动资金规模，以提高承担风险的能力。

第三节　会展应急组织与处理

为了应对会展企业和会展活动可能发生的各类风险，最大限度地减少人员伤亡、财产损失、环境污染，快速有效地实施救援，会展管理和组织者应准备好应急预案，组建风险应急小组，并及时地向有关领导和部门通报。当事故灾害发生时，应急指挥系统立即运转，各应急小组在得知事故灾害发生后，立即接受公司应急指挥部的指挥，履行各自的职责。

一、会展应急组织

应急管理组织应当是会展企业和会展活动常设的管理组织之一，不仅是有效处理危机事件的重要组织保证，对日常的危机监控和管理也是不可或缺的。一般成员包括企业决策层领导、会展项目经理以及财务、公关、营销、人力资源等部门的主要负责人，这些人员需具备较强的心理素质、沟通协调能力和应变能力，并且熟悉企业的内外环境，具有一定的影响力和号召力。危机管理小组的成员在日常工作中应当保持畅通的联系，定期召开危机工作会议，做好危机的识别、监控等工作，主要职能包括：全面掌握会展危机情报、及时预测危机、制订危机管理计划、在危机处理中发挥协调和领导作用。一般较为完善的会展企业和活动应急组织结构如图6-1所示。

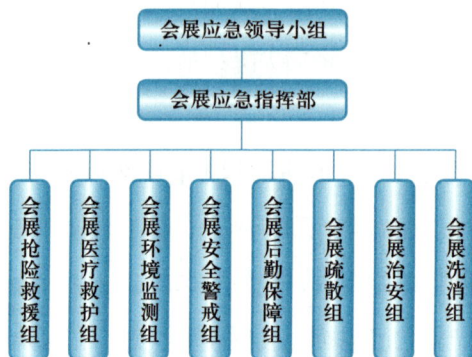

图6-1　会展应急组织结构图

（一）会展安全救援指挥中心

会展安全救援指挥中心的核心地位体现在其对整个会展安全救援工作的开展、统筹协调的职责上。目前建立会展安全救援系统的当务之急是建立会展救援指挥中心，因为会展安全救援系统的救援机构、外围机构目前都是现成的。考虑到会展紧急救援的人道主义性质和紧急性，会展安全救援指挥中心通常由政府组织。

（二）会展安全救援机构

会展安全救援机构是整个会展安全救援系统的执行机构，在会展安全救援系统中扮演着极为重要的角色。会展安全救援机构由医院、公安机关、消防部门、武警部门等与救援行动直接相关的机构组成。这些机构都是现实存在的机构，目前需完成的工作主要是：确认资格与挂牌；拓展现有职能，增加会展安全救援项目；在这些会展安全救援机构中，增设专门负责会展安全救援工作的部门和人员。

（三）会展安全救援的直接外围机构

会展安全救援的直接外围是会展安全问题发生的场所和实施会展安全救援工作的第一现场。简单地说，与会展安全问题的发生有直接关系、与会展安全救援工作有间接关系的所有机构统称为会展安全救援的直接外围机构，这些机构主要包括可能发生会展安全问题的旅游景区（点）、会展企业、会展有关管理部门和社区。当前，会展安全救援的直接外围机构必须做好如下工作：切实履行安全管理工作，设立专门的会展安全管理机构，任命专门负责会展安全管理的工作人员，对全体员工进行会展安全培训，提高从业人员的安全意识。

（四）会展安全救援的间接外围机构

会展安全救援的间接外围机构是相对于会展救援的核心机构、救援机构以及直接外围机构而言的，它本身不是会展安全问题发生的现场，也不参与整个会展安全救援工作。但这些间接机构却有可能影响会展救援工作的开展并可能在适当的时候不经意地或出人意料地起到极大的帮助作用。会展安全救援的间接外围机构主要包括会展目的地、保险机构、新闻媒体和通信部门。

二、会展应急预案

随着会展业的发展，会展活动的规模越来越大、频率越来越高，在会展活动中，各种危机事态频频发生，影响着会展活动的正常开展，给主办方、参展商或专业观众造成财产损失，甚至生命危害。因此，对会展项目进行风险管理是必要的。制定详细的会展应急预案虽然并不能完全阻止危机事态的发生，但对有效处理危机事态却是一种行之有效的对策。

（一）分类预案

应急预案是风险一旦发生后，危机处理的保证和行动指南，在心理和行动上为危机管理决策者提供了信心基础，是危机管理决策者反应迅速，防止危机进一步扩大，降低危机危害程度的最有力的保证。危机预案一般包括危机管理机构，危机预测和分析，危机事态分类，危机事态排序、分级和评估，分类预案，危机管理培训和演习六个部分的内容。分类预案是根据危机的类别，确定相应的危机处理目标、所需的资金资源和方式。

（二）应急预案内容

会展应急预案应当尽可能包括危机处理所需要涉及的所有内容，包括危机事件的分析，如类型、特点、根源、可能的危害；资源保障，包括所需要的物品、资金等；人员的组织和安排，规定岗位职责、工作流程；危机的处理过程和具体的处理步骤，在处理过程中须注意的要点；公关危机中的沟通、媒体管理和可能牵涉的法律事宜等。

（三）应急预案模拟训练

为了有条不紊地按照预先制定的管理方案应对危机，会展企业要定期或在会展项目开展前进行危机管理的模拟训练。训练的内容主要有心理训练及危机相关知识的培训（如危机处理原则、过程、策略等）危机预案的演练等，其中实景演练通过模拟危机爆发的真实情境，不仅综合考验了团队成员危机意识、应变能力、团队凝聚力、对危机预案的了解和处理方法的掌握，还进一步强化了员工对危机的警惕性，培养了员工在危机事件中处理问题的实际操作能力。另外，危机管理的模拟训练也是提前对危机预案完整性、正确性和可操作性的一次检验，通过模拟培训，可以发现预案中存在的问题和不足，以便及时修正。

总之，我们可以根据会展风险管理理论与实际，总结出一些具体的会展风险管理措施，首先是准备工作，在会展前制定风险防治计划，成立专门的管理机构，建立参与主体的数据库，以及与其他部门的联系，筹建风险管理设施，设置风险预警系统，在开展前做好充分的准备；其次积极应对，开展时建立专门的媒体中心，要求主体之间通力合作，获得政府的支持，充分利用风险监测系统；最后则是危机恢复工作（即展后），加强宣传消除疑虑，恢复正常工作，总结经验教训，改善风险管理系统，提高应对能力。

三、会展应急处置原则

大部分危机处置中，都会采用危机公关 5S 原则，这也是会展危机应急处置可遵循的。危机公关 5S 原则指危机发生后为解决危机所采用的 5 大原则，包括承担责任原则（Shouldering the matter）、真诚沟通原则（Sincerity）、速度第一原则（Speed）、系统运行原则（System）、权威证实原则（Standard）。

（一）承担责任原则

危机事件发生后，作为组织不能推卸责任或拒不承担责任甚至拒不承认有责任。在危机事件发生后，相关组织必须勇于承担自己该负的责任，否则组织的信誉就会受损，在公众心目中的形象也会大打折扣，情况严重时，甚至会使自身陷入信任危机。

（二）真诚沟通原则

当危机事件发生后，组织与公众的沟通至关重要，尤其是组织与外部公众的沟通更为紧迫。此时的沟通必须以真诚为前提，如果不是真心实意地同公众、同媒体沟通，是无法平息舆论压力的。

（三）速度第一原则

所谓"好事不出门，坏事传千里"，在媒介如此发达的今天更是如此，因此，企业控制危机一定要争取在最短的时间内，用最快的速度控制事态发展，并第一时间向公众公开信息，以消除疑虑。

（四）系统运行原则

在规避一种危险时，不要忽视另一种危险。在进行危机管理时必须系统运作，绝不可顾此失彼。只有这样才能透过表面现象看到本质，创造性地解决问题，化害为利。它包括，以冷对热、以静制动；统一观点，稳住阵脚；组建班子，专项负责；合纵连横，借助外力等。

（五）权威证实原则

在危机发生后，企业使消费者解除对自己的警戒心理，重获他们的信任。

四、会展危机恢复

会展危机事件的解决，并不意味着危机管理的结束，还需要进一步的工作使会展恢复到危机未发生前的正常运作经营状态，一般来说，会展危机恢复管理过程中的首要任务是要维持办展机构的生存并改进办展业务流程；其次是恢复办展机构和有关会展的声誉、形象，以及有关人员的信心；最后是使办展机构和有关活动获得新的发展。

（一）会展企业具体恢复措施

1. 启动危机管理小组

危机管理小组的职责包括组织、协调会展突发事件的应急救援工作；负责与会展属地政府、政府有关部门和应急管理机构进行联系，负责对发生的事故进行分析、总结以及做出评估报告并存档等。

2. 全面调查危机状况

危机的爆发将企业的弱势清晰地显现出来，但从某种意义上，也给企业提供了弥补、修正自身缺陷和问题的机会。在危机后，会展企业应进行的经验、教训总结主要包括以下几方面。

（1）评估危机源。对危机产生的原因进行系统的调查，排除可能诱发危机的因素，对症下药，从而强化危机防范体系，可预防危机的再次爆发。

（2）危机预警评价。前期的预警工作是充分、及时的吗？基于预警的危机评估是科学的吗？如何改进和完善危机预警体系？这些都是需会展企业深度思考与解决的问题。

（3）对企业的危机公关和危机处理工作进行评价。详细列举危机管理过程中出现的问题和成功的经验，使它成为企业引以为鉴的依据。

3. 改进危机管理体系

会展企业应根据危机产生和处理过程中暴露的问题和缺陷，修正和完善企业的管理体系、组织架构、规章制度、经营模式等。

（二）声誉重建

危机对企业的口碑和形象多少都会产生各种各样的负面影响，使企业的形象、品牌声誉受损。由于一个企业的声誉和品牌是它最重要的无形资产，因此，在危机之后进行声誉重建，恢复客户的信任和其无形资产的价值，就显得格外重要。

一般来说，会展企业可以采取如下措施进行对外公关和形象重塑。

首先将危机可能造成的不良影响列成表格，根据不同对象、程度、方面进行具体分析并采取有效应对策略。比较常见的如媒体广告宣传、召开新闻发布会、举办公益活动、完善销售策略、提升产品质量、改进与公众交流的渠道等。

其次，若协会在行业中也处于领导地位，就可以借助行业协会的力量。行业协会在应对会展危机过程中可以采取如下措施：加强参与主体的合作；及时公布信息，消除各方的恐惧心理；开展危机对会展业影响的调查研究；邀请专家和学者研究危机的影响；联合会展企业进行促销。

最后，应当注意到，政府在中国的会展业中是一个不可忽视的角色，带动着中国会展业的发展，因此，在会展危机出现时政府可以采取以下措施来保护展会的正常举办：树立危机意识；制定和完善应对危机的法律；建立危机管理系统和知识系统；建立资源保障系统。有了政府的支持和保护，会展危机的处理在某种程度上就得到了最基础的保障。

综上所述，会展危机的存在让会展有很大的风险，正确妥善地处理好会展危机，不但可以确保展会的正常举办，还可以提升展会的抗压能力。

本章思考题

1. 会展风险管理的必要性有哪些？

2. 进行会展风险识别的目的和意义是什么？

3. 会展风险评估的内容有哪些?

4. 会展活动安全应急预案的主要内容有哪些?

5. 会展应急处置原则有哪些?

即测即评

参考文献

读者意见反馈

为收集对教材的意见建议，进一步完善教材编写并做好服务工作，读者可将对本教材的意见建议通过如下渠道反馈至我社。

咨询电话 400-810-0598

反馈邮箱 gjdzfwb@pub.hep.cn

通信地址 北京市朝阳区惠新东街 4 号富盛大厦 1 座
　　　　　　高等教育出版社总编辑办公室

邮政编码 100029